Y0-CJE-757

Date: 5/19/22

SP 614.592414 LOP
López Guerrero, José
Coronavirus : anatomía de
una pandemia : origen,

PALM BEACH COUNTY
LIBRARY SYSTEM
3650 SUMMIT BLVD.
WEST PALM BEACH, FL 33406

Coronavirus
Anatomía de una pandemia

JOSÉ ANTONIO LÓPEZ GUERRERO
«JAL»

CORONAVIRUS
Anatomía de una pandemia

*Origen, evolución y perspectiva de futuro
del acontecimiento que marcará una época*

© José Antonio López Guerrero, 2021
© Talenbook, s.l., 2021

© Ilustración de inicio: Jaime O'Neil Carbajosa

Primera edición: junio de 2021

Reservados todos los derechos. «No está permitida la reproducción total o parcial de este libro, ni su tratamiento informático, ni la transmisión de ninguna forma o por cualquier medio, ya sea mecánico, electrónico, por fotocopia, por registro u otros métodos, sin el permiso previo y por escrito de los titulares del *copyright*.»

Guadalmazán • Colección Divulgación científica
Director editorial: Antonio Cuesta
Edición de Ana Cabello
Corrección de Rebeca Rueda

www.editorialguadalmazan.com
pedidos@almuzaralibros.com - info@almuzaralibros.com

Imprime: Gráficas La Paz
ISBN: 978-84-17547-45-5
Depósito Legal: CO 452-2021
Hecho e impreso en España-*Made and printed in Spain*

*«Nunca trates de enseñar a un cerdo a cantar.
Perderás tu tiempo y fastidiarás al cerdo».*

Proverbio ruso

Índice

Agradecimientos 13
Prólogo 17
Prefacio 21

EL 2020 A VISTA DE PÁJARO VÍRICO 29
¿ERRORES O NEGLIGENCIA? 37
ALGO RÁPIDO E INDOLORO SOBRE LOS CORONAVIRUS...55
Y LLEGÓ EL 14 DE MARZO… 65
DIARIO DE UNA CUARENTENA..73

   17 de marzo de 2020.
   Diario de una cuarentena: bulos, hitos, mitos, chascarrillos...74
   24 de marzo de 2020.
   Guerra microbiológica, temperatura y adaptación 78
   31 de marzo de 2020. Con síntomas y alcanzando el pico 82
   6 de abril de 2020. Mascarilla más que nunca 87
   14 de abril de 2020. Vuelta al trabajo, ¿necesario o arriesgado?.. 92
   20 de abril de 2020. Test, Test, Test…,
   pero ¿cómo, dónde y cuándo? 98
   26 de abril 2020. Menos locuras y más vacunas.....................103
   03 de mayo 2020. Desescalada, sí, pero responsable 111
   11 de mayo 2020. Fases, memes y otras pandemias 116
   17 de mayo 2020. Seroprevalencia,
   ELISAS y expansión asintomática 123
   26 de mayo 2020. STING y el factor K..................................129
   02 de junio 2020. Y llegó el momento de recapitular 133

NOS DESCONFINAMOS, ¿Y QUÉ? 145
LAS VACUNAS: ESOS MEDICAMENTOS QUE NOS
PONEMOS ESTANDO SANOS..149

   29 de septiembre 2020. ¿Una vacuna bajo presión?
   ¡Vacúneme despacio, que tengo prisa! 153
   20 de noviembre 2020. Vacunas más efectivas…
   ¡y dos huevos duros! 155

¡HEMOS VENCIDO AL VIRUS! ¿Y QUÉ MÁS? 161
MARCHANDO UN BAZAR DE PROGRESOS Y
DESPROGRESOS 169
   El escurridizo animal X 170
   Aire acondicionado y coronatrancazo 171
   ¿Coronavirus en marzo del 2019? 172
   ¡El coronavirus no existe clínicamente! 174
   ¿Cómo entra, si acaso, el SARS-CoV-2 en el cerebro? 175
   Hombre, calvo, grupo sanguíneo A y obeso, chungo, chungo... 177
   Y tras varios palos de ciego, llegó «ella» 179
   ¿Seremos alguna vez ovejitas de un rebaño inmune? 180
   Cierre de fronteras sí o no; ¡y yo qué sé…! 182
   ¿Cuánto aguanta el bicho flotando? 183
   ¿Qué pasó con el RadarCOVID? 184
   ¿Se parece el coronavirus al cáncer? 185
   Menos gripe, menos tuberculosis, menos… 186
   Y sí, la eterna pregunta
   de por qué los chiquillos parecen infectarse menos… 188
   Por favor, hijo, ¡baja la tapa del retrete! 190
   Anticuerpos monoclonales, policlonales, hiperinmunes;
   anticuerpos, anticuerpos 190
   Pero… ¿por dónde nos entra el virus? 192
   ¡No es una pandemia, sino una sindemia! 194
   Saber por el móvil que te has ido de tapas… 195

OTRAS PANDEMIAS. OTRAS PESTES
ATROCES Y LAS QUE TE RONDARÉ, MORENA 199

Y AHORA… UNA REFLEXIÓN FINAL
Y PERSONAL SOBRE EL FUTURO QUE NOS ESPERA 209

Glosario 211
Y para rematar, alguna sugerencia breve bibliográfica 219

Agradecimientos

Como no puede ser de otro modo, quiero empezar agradeciéndole a usted, lector/a, su apuesta por literatura de divulgación científica, tan importante hoy en día. Según las encuestas que cada dos años realiza la Fundación Española para la Ciencia y la Tecnología (FECYT), solo en torno al 16 % de los españoles piensan que su conocimiento e interés por la ciencia es aceptable/bueno. En general, ni la ciudadanía ni los científicos gozamos de una cultura científica competitiva. Por ello, ¡gracias!, por adquirir y leerse este puñado de páginas. También agradecer a mis editores su apoyo a la difusión del conocimiento en esta tremenda realidad en crisis que nos está tocando capear. Estoy convencido de que saldremos fortalecidos.

Agradecer, por comprensivas, responsables y brillantes, a mi colaboradora Raquel y demás personal del pequeño, humilde pero peleón Laboratorio de Neurovirología de la Universidad Autónoma de Madrid. Hemos hecho ciencia competitiva entre, literalmente, cuatro paredes con, también literalmente, un par de miles de euros. En los últimos 12 meses, con algo más de presupuesto, incluyendo un deseado Plan Nacional, hemos disparado nuestra producción científica entre los denominados artículos del «primer cuartil» hasta alcanzar prácticamente una publicación mensual. ¡Gracias, chicas! Hablando de inversión en investigación, sería un crimen de lesa humanidad no agradecer con todo mi arrítmico corazón el apoyo, cariño y la confianza depositada en mis proyectos científicos del filántropo —y permítanme que aquí haga una excepción mencionando el apellido— empresario Miguel Valdivieso; sin su firme apuesta por nuestro pequeño grupo no estaríamos donde estamos en la actualidad. Le debemos el 20 % de toda nuestra producción científica y más del 90 % de la inversión económica; ¡y todo ello, en una relación de cuatro años! En cuanto a compañeros del mundo de la investigación, también tendría un bonito y emotivo ramillete con que agradecerles sus constantes muestras de cariño y colaboración. Me resulta imposible mencionarles a todos —CBMSO, CNB, INIA, CSIC, en general, UAM—, pero, al menos, dejar constancia, como representación, de algunos nombres propios, alfabéticamente, como Almudena, Jaime, Manolo, Montse, Pepe, Teo o Yolanda, viróloga, esta última, con la que compartimos un fructífero proyecto de investigación. Sería injusto no hacer una mención especial a mi gran compañera, amiga y sufridora, experta en coronavirus, del CNB, Sonia, a quien he adoptado con un estoicismo ejemplar por su parte como «Orácula de Delfos», aunque, en realidad, la tengo algo más cerca, a escasos 200 metros en el grandísimo grupo pionero mundial de la investigación con miembros de la familia *Coronaviridae*, al frente del cual está desde hace más de 40 años —siento desvelar que no eres un niño, sino ya todo un adolescente, Luis— el profesor Enjuanes.

También merecen mi reconocimiento mis compañeros y amigos, tras más de 6 años de reuniones en aquel cuartito del edificio de Biológicas de la UAM, de la Junta Directiva de la Sociedad Española de Virología. A todos ellos, gracias por sus muestras de cariño, más allá del simple compañerismo en algunos momentos, digamos, algo más delicados de mi vida. En especial, y por la colaboración estrecha que estoy manteniendo en todo momento durante este año pandémico, querría mencionar a Josep, nuestro mago tesorero, y a Juan, siempre dispuesto a colaborar con la parte gráfica de mis libros, en representación del resto de compañeros —no tengo claro si «12 hombres/mujeres sin piedad... contra los virus», o «Los 12 del patíbulo... en defensa de la virología en España»—. En realidad, somos más de 12, pero no encontraba películas clásicas con otros guarismos. Un reconocimiento sincero también a mis compañeros de los medios de comunicación que se han volcado —es cierto que «a la fuerza ahorcan»— durante todo el año en la información epidemiológica, en especial, a los de mi casa, desde hace ya dos décadas, que se dice pronto, de RTVE. Manuel, te ha tocado ser el representante de todos ellos. También a La Sexta, por apostar por programas de divulgación científica; a mis compañeros del plantel técnico de *La Sexta Noche* y, por supuesto, a todo el equipo merecedor de ese grandioso Premio Concha García Campoy.

¡Ah!, eso sí, también quiero dedicar un NO agradecimiento a aquellos que están poniendo en peligro la seguridad de tantas vidas: negacionistas, irresponsables, insolidarios, extremistas políticos, o no, que han tratado de hacer prevalecer las bizantinas y kafkianas luchas partidistas en detrimento de la coordinación y la sensatez en el control efectivo de la pandemia y, con ello, de la seguridad ciudadana y de la de los heroicos sanitarios o, incluso, de las Fuerzas y Cuerpos de Seguridad del Estado. Ha sido deleznable la ignominia a la que, en más de una ocasión, nuestros representantes políticos nos han sometido enzarzándose en insultos, desacreditaciones y lenguaje tosco en el templo de representación de todos los ciudadanos, incluso en pleno reconocimiento a las víctimas de la primera ola pandémica. Tampoco tienen, por último, mi reconocimiento la envidia, los celos profesionales, las zancadillas y la falta de «remar en la misma dirección» que, en un país maravilloso como el nuestro, pero con una inversión tan exigua en ciencia, a veces brota cual mala yerba incluso desde el mundo de la mismísima investigación.

Llego ya al momento *cuore* más personal. Un fuerte abrazo/besos —allá cada cual con las medidas anticoronavirales— a todos mis fieles amigos, con algunos de los cuales literalmente he crecido como persona y, en momentos de descuido, en IMC. A excepción de mi incondicional y sufridora Paulinchen, no mencionaré a ninguno en delegación del resto, puesto que cada uno es, como el bonobús, personal e intransferible, aunque todos saben lo que siento por ellos —y si no, ¡lo sabrán!—. Agradecer el cariño de mi familia en general, en nombre de la cual quiero mencionar a mis hermanas y especialmente a mi sobrina, Anabel, enfermera, quien ha vivido en primera persona el horror, la impotencia y la desesperación de ver un hospital colapsado, sin recursos técnicos, materiales o humanos para sacar adelante a tanto enfermo —al menos, durante la maldita y sorpresiva primera ola—; ¡gracias, sobri, te has ganado, como diría Churchill, con sangre, sudor y lágrimas tu trocito del Premio Princesa de Asturias! Millones de besos a mis bichitos, Dani y Maite, Maite y Dani, tan adolescentes —con todo lo que ello conlleva— como eternamente estrujables y, en ocasiones, haciendo buena aquella frase de «De pequeños te los comías, de mayores te arrepientes de no haberlo hecho». ¡Os quiero, monstruitos! *And, last but not least,* esto es, «finalmente pero no menos importante», un agradecimiento cargado de sinceridad, amor ñoño y entrega a mi medio plátano —lo siento, pero me gustan mucho más que las naranjas—, Pacita, compañera en los momentos buenos, con sus programas de radio incluidos, y, sobre todo —porque últimamente ha habido unos cuantos—, en los malos. Lo que no nos destruye, Paz, nos hará más fuertes. ¡He dicho!

Ahora, a por el SARS-CoV-2, protagonista absoluto del presente libro...

Prólogo

Conocí a José Antonio López Guerrero en 1983 cuando era un estudiante de Biología. Entonces nosotros llevábamos varios años al frente del modesto Laboratorio de Coronavirus del Centro de Biología Molecular (CBM), junto al laboratorio donde el Premio Nobel Severo Ochoa volvería definitivamente en 1985 como director honorario, después de dejar su actividad en el Instituto Roche de Biología Molecular en Nueva Jersey, Estados Unidos. Después de su fallecimiento, el 1 de noviembre de 1993, el CBM pasaría a llamarse, en su justo honor, CBM Severo Ochoa.

José Antonio realizó su tesis doctoral en el Laboratorio de Virología de Luis Carrasco bajo la dirección de Manuel Fresno. Tal y como él mismo relataría en alguno de sus múltiples seminarios científicos y de divulgación científica, su primer experimento implicó a varias especies virales de diferentes familias, tanto con ADN como con ARN como material genético. Desde entonces, los virus han formado parte de toda su carrera profesional. Los ha utilizado para estudiar el efecto de la infección de células del sistema inmune, a lo largo de sus años de investigador predoctoral. Durante su etapa posdoctoral en el Centro de Investigaciones Biológicas Margarita Salas, José Antonio utilizó fundamentalmente el virus vaccinia recombinante, con el que nos vacunamos contra la viruela, como base para la elaboración de una vacuna para la artritis reumatoide. Posteriormente, José Antonio utilizó virus de la familia *Parvoviridae* para sus investigaciones en modelos de oncosupresión realizados en el Centro Alemán de Investigaciones Oncológicas durante una estancia posdoctoral en Alemania, su segunda patria, ya que pasó parte de su infancia y adolescencia en Hannover. Desde finales de los años 90, siguió investigando la implicación del virus del herpes simple en modelos de neurodegeneración como un factor de riesgo en enfermedades desmielinizantes, como la esclerosis múltiple. Finalmente, y como director del grupo de Neurovirología de la Universidad Autónoma de Madrid, después de emerger la pandemia actual, ha dedicado una gran parte de sus recursos científicos y humanos a la exploración de posibles viricidas y antivirales contra los coronavirus, incluyendo modelos de pseudovirus con la proteína de la espícula del SARS-CoV-2.

Desde su incorporación al CBM, después de terminar sus estudios en el Departamento de Biología Molecular de este centro, José Antonio hizo gala de una enorme capacidad de trabajo para, por ejemplo, seguir largas cinéticas que lo llevaron a pasar varias noches en un sofá de la sala de seminarios. Su elevada capacidad de comunicación lo puso en poco tiempo al frente de varios programas de divulgación científica; posteriormente colaboró en informativos de medios de comunicación importantes, así como en las sesiones de la Semana de la Ciencia, de la Feria de la Ciencia, y organizó las oficinas de cultura científica de la UAM y del CBMSO. Su sentido del humor se hizo pronto familiar en los pasillos de este centro. Ello lo hizo ganador de uno de sus primeros apodos: el Increíble, por la serie que se emitía a mediados de los 80 (*El increíble Hulk*), de la que se derivó su nombre por el que es más conocido en la actualidad, JAL.

Tras escribir más de una docena de libros de divulgación científica, varios de ellos total o parcialmente dedicados a la virología, JAL nos presenta su último trabajo, basado en el virus de la COVID-19, la terrible pandemia mundial que nos confina y maltrata desde comienzos del 2020. Como en sus obras anteriores, el rigor científico y la precisión que ofrecen los buscadores de literatura científica, la fina ironía y el sentido del humor del autor se integran magistralmente, algo que se pone de manifiesto desde el mismísimo apartado de los agradecimientos o la cita con la que arranca la obra: «Nunca trates de enseñar a un cerdo a cantar. Perderás tu tiempo y fastidiarás al cerdo». Algún día pediré a JAL que me explique a quién dedicó esta cita.

El libro que aquí presento no es un libro al uso; no es, como dice el propio autor, un libro lineal, de acción y reacción, ni un ensayo ni un tratado. Es una apuesta personal, una visión casi intimista sobre cómo vivimos la pandemia, cómo la vivió JAL como profesor, como científico, como comunicador de la ciencia, como ciudadano, como padre y como esposo. Apoyándose en una descripción semanal que llevó a cabo durante la fase de cuarentena, compara lo que se sabía, lo que se pensó que eran y lo que ahora se sabe que son los coronavirus altamente patógenos para las personas y las consecuencias de las infecciones por los mismos. Deja claro que, al contrario de la pseudociencia, la ciencia no es infalible, como tampoco lo son los científicos que la desarrollan. La ciencia entra y sale en el relato que frecuentemente realiza incursiones sociales y políticas, donde se muestra especialmente crítico. Sin una coordinación internacional, nacional o comunitaria, estamos condenados a perpetuar nuestras debilidades.

Además de su visión personal e intimista, y después de describir algunos de los principales logros en virología, epidemiología, inmunología o en clínica, JAL hace gala de su formación como docente para dar un pequeño repaso a la historia de esta y otras pandemias, de los peligros que nos acechan si seguimos sin ser conscientes de lo frágiles que somos como especie y, por supuesto, a la descripción de la familia *Coronaviridae*, la familia del SARS-CoV-2 y de otros coronavirus que conviven, o lo han hecho, con nosotros, como el MERS-CoV y otros virus productores, por lo general, del resfriado común de invierno. Finalmente, el libro termina con un breve pero seguramente necesario glosario con la descripción de los términos más técnicos y las siglas más repetidas.

Como digo, un libro marca JAL con rigor, ritmo, ironía y humor, algo necesario en este momento histórico que a nuestra generación le ha tocado vivir. Por cierto, para mí, JAL siempre será, con cariño, el «doctor JAL».

Luis Enjuanes
Laboratorio de Coronavirus del CNB
Profesor de Investigación del CSIC

Prefacio

Ahora mismo, en este mismísimo instante en el que está leyendo estas líneas, seguro que parte de la información de este libro ha quedado desfasada, si no obsoleta. Así avanza la ciencia, ese faro que alumbra una parcela muy pequeña del mar entre tinieblas que es la naturaleza. La única certeza firme en ciencia es que no hay certeza firme. Si quiere respuestas sólidas, inamovibles y perdurables por los siglos de los siglos, aunque sean totalmente falsas —que no falsables— y contraproducentes, creo que se ha equivocado de libro. Las pseudoterapias, las pseudociencias como el *reiki*, la homeopatía, la acupuntura o, incluso, el psicoanálisis freudiano sí ofrecen respuestas incuestionables a preguntas que, en muchos casos, nadie formuló.

Durante las próximas decenas de miles de palabras vamos a hablar de virus, de esos seres vivos que no son seres vivos. De esas entidades que mutan, evolucionan, se adaptan, interaccionan con sus huéspedes, tienen material genético que replica, pero que, por una «tontería» de nada, por no tener metabolismo propio, ya ves tú, el Comité Internacional de Taxonomía Vírica ha decidido, no por unanimidad, sacarlos del ámbito de la vida. Muchos virólogos —y yo lo soy desde el año 1983 del siglo y milenio pasado— ponemos en duda dicha afirmación. De hecho, no tenemos claro dónde comienza la vida —ni que decir de la inteligente—. Incluso el mundo de la virosfera, de los virus, está cambiando día a día. En poco más de un año la nomenclatura que clasifica a estos organismos se ha vuelto insufrible, con dominios, reinos, clases, órdenes, familias, y todo ello, mientras tenemos la certeza de desconocer más del 90 % de las especies víricas que «no» viven con nosotros. Es más, cada vez se descubren «bichitos» más y más raros, grandes y complejos, como los denominados virus gigantes; algunos de ellos más grandes y con genomas más complejos que muchas bacterias. No sé si les faltaría un último «hervor» para pasar de la virosfera a la biosfera como verdaderos seres vivos, pero, en cualquier caso, con inteligencia o sin ella, pueden adaptarse a circunstancias adversas, capear nuestros intentos de acabar con ellos con antivirales, vacunas. De momento, han sido muy pocas las especies virales —el virus de la viruela y el de la peste bovina— que hemos podido erradicar con programas de vacunación. El virus de la polio podría ser el siguiente, si no la pifiamos. Pero hablemos de la pandemia…

¿Dónde le pilló la cuarentena el pasado 14 de marzo del 2020? ¿Era de los que aplaudían devotamente todas las tardes a las ocho? ¿Y de los que sacaba la cacerola a la misma ventana a las nueve? Ese mismo día, por la mañana, estaba preparando un reportaje para una televisión privada —reportaje que nunca se emitió— donde hablábamos de la conveniencia o no de llevar mascarilla, de sacar a nuestros pequeños al parque, cuánto acercarnos al mostrador de la pescadería. En fin, que a todos nos cambió la vida aquel 14 de marzo a las nueve de la noche, incluso el recuerdo de lo que entendíamos por vivir, de lo que ni valorábamos por rutinario: pasear un ratito, una copita con los amigos, un partidillo de pádel —en mi caso— con colegas de universidad. Sacar al perro se convirtió en algo muy codiciado; eso, y comprar papel higiénico. No es la primera gran pandemia que hemos padecido como especie, ni la más grave —la de la gripe de 1918 fue terrorífica en comparación—. Tampoco es la última que sufriremos ni, seguramente, la peor. Sí ha sido la primera en ser radiada, televisada, comentada en las redes minuto a minuto, y, claro, la ciencia se ha visto arrastrada. Se nos pedían a los científicos certezas, inmediatez y soluciones. Con el tiempo y el rigor de la investigación se va avanzando en todos esos frentes, pero, por desgracia, no al ritmo que la sociedad reclamó. Todo un campo abonado —la desesperación, el desconocimiento y la incertidumbre— para los salvapatrias, los iluminados y vendedores de elixires mágicos, los pseudocientíficos que te garantizaban la salvación con plantas tóxicas o productos más tóxicos aún. El coronavirus ha supuesto también esa lona del cuadrilátero político donde hemos tenido que sufrir espectáculos tristemente vergonzosos, con cadáveres todavía calientes como rehenes de la propaganda electoralista. Muy triste e ignominioso.

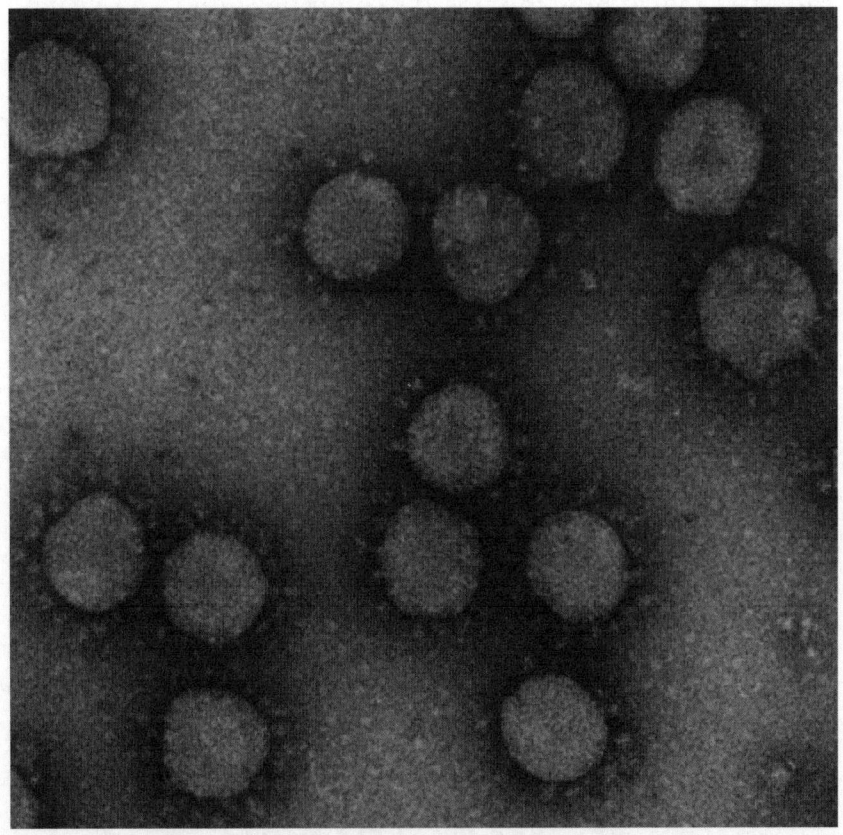

Micrografía electrónica de coronavirus purificados. Se aprecian las características proyecciones formadas por los peplómeros de la proteína de la espícula. [Autor: Luis Enjuanes, Laboratorio de Coronavirus CNB-CSIC]

Como divulgador científico, virólogo y como miembro de la Junta Directiva de la Sociedad Española de Virología, estuve al servicio de la información ya con la anterior alarma mundial, el virus del Ébola, en 2014. Duró poco el interés social por la ciencia; lo que tardó la alarma vírica en desaparecer con dos fallecidos y una infectada españoles. En enero del año pasado me llamaron desde un programa de televisión para que diera mi opinión sobre unos chinos que se «habían comido» un murciélago y se habían contaminado de un patógeno nuevo. Entre consulta rápida a las noticias que venían desde los centros de vigilancia epidemiológica y algo de improvisación, fui aportando mi granito de arena con mi mejor voluntad —todavía no trabajaba con coronavirus— en cada vez más y más medios de comunicación. Una visita a un plató de televisión, unas declaraciones a un programa de radio y, claro, algún que otro artículo en prensa, como el que reproduzco ahora de *El Cultural*, del 21 de enero, con el poco sugerente título de «La nueva emergencia viral se llama Wuhan»:

> Dijeron que se trataba de una pandemia global; que nos preparáramos ante un posible escenario de millones de víctimas. El coronavirus responsable del síndrome respiratorio agudo y grave —severo, por su traducción literal del inglés SARS— fue el causante de una neumonía atípica que provocó un brote con unos pocos miles de infectados y un 10-15 % de muertes, principalmente en China, entre finales de 2002 y 2004. Tras un año de incertidumbre, desinformación desde el gobierno chino y una actuación impecable de los sistemas internacionales de vigilancia epidemiológica, el brote, y con él el virus, quedó controlado.
>
> Una década más tarde, en 2012, se detectó el primer caso de infección por un pariente filogenético del SARS-CoV en Arabia Saudita. Se trataba de otro coronavirus bautizado como MERS-CoV o coronavirus causante del síndrome respiratorio de Oriente Medio. El virus es un agente zoonótico, esto es, que puede transmitirse entre animales y entre estos y nosotros —animales también—. No se

conoce exactamente su origen, aunque se descarta que sea una descendencia directa del SARS-CoV del 2003. La hipótesis más plausible a día de hoy es que se originara y mutara en murciélagos frugívoros y, desde aquí, pasara al dromedario como reservorio preferente desde el que se infectaría el humano. El contagio humano-humano, aunque no imposible, era y es muy difícil. Eso sí, al menos el 35 % de los casos documentados de infección en humanos terminó fatalmente. Por supuesto, el número de casos de infección que, por su menor sintomatología, no requirieron hospitalización y, por lo tanto, no fueron notificados, se desconoce.

Los coronavirus son virus que tienen una larga cadena de ARN como material genómico —de las más largas dentro de los virus ARN—, un ciclo replicativo complejo y, por su naturaleza, una gran capacidad para acumular mutaciones en cada replicación. Coronavirus como el de la Gastroenteritis Porcina Transmisible no es desconocido en España.

Para complicar algo más esta vorágine de emergencias y reemergencias virales nos vuelve a llegar desde China, esta vez con eficacia y colaboración de las autoridades, la alarmante noticia sobre la detección de un nuevo coronavirus, desconocido hasta la fecha, causante de neumonía en humanos. Este nuevo agente infeccioso, ya bautizado como 2019-nCoV —posteriormente SARS-CoV-2—, apareció en un mercado de Wuhan, en el centro de China y en pocas semanas ha multiplicado su presencia hasta varios cientos de infectados, traspasando las fronteras presentándose casos —mientras escribo estas líneas— en Tailandia, Japón, Corea del Sur o incluso Australia. De momento, son más las incógnitas que las certezas sobre nCoV. No parece ser un virus evolucionado desde su primo SARS, menos desde el MERS, pero, por desgracia, sí parece haberse constatado su capacidad de transmisión entre humanos, paso previo para un más que factible brote pandémico —algo que algunos virólogos tememos que llegue a ocurrir con la también terrible gripe aviar.

De nuevo, todo parece indicar que los sistemas de vigilancia epidemiológica, gracias a la colaboración y rápida respuesta ante los primeros casos de las autoridades chinas, está funcionando correctamente, aunque la evolución de cada emergencia viral es todo un misterio. Mientras tanto, desde la Organización Mundial de la Salud, OMS, se hace un llamamiento a los expertos para estudiar cómo controlar el avance del 2019-nCoV, también conocido como coronavirus de Wuhan. Estamos en las primeras fases de estudio y seguimiento del brote. No obstante, la mortalidad, entre los casos documentados, parece inferior a la de sus parientes de 2003 o 2012. Claro está, el número de posibles infectados asintomáticos a día de hoy con capacidad infectocontagiosa también se desconoce. En este sentido, el MRC-Centro de Análisis de Enfermedades Infecciosas Globales del Imperial College de Londres elevaba la cifra de posibles portadores a cerca de 2000, argumentando que algunos pacientes podrían presentar síntomas leves de diversas afecciones respiratorias. Tendremos que seguir esperando hacia dónde nos lleva esta ya mundial alarma virológica.

Finalmente, otro aspecto relevante en la caracterización y control del virus pasa por la identificación de sus posibles reservorios animales. Se sospecha que 2019-nCoV ha pasado a humanos desde animales vivos en un mercado de Wuhan donde coincidieron los primeros pacientes. Descubrir si este desconocido animal constituye el reservorio principal o si, a su vez, fue infectado desde otro portador —un murciélago, pongamos por caso—, resultará vital en la lucha por el control de la pandemia. En 2003 se señaló a la civeta, un mamífero que se vendía con intenciones gastronómicas en los mercados chinos, como foco de transmisión del SARS-CoV, aunque posteriores investigaciones dieron cuenta del virus en una gran variedad de animales, no solo en mamíferos. Lo dicho, los próximos meses serán cruciales para contemplar, con perspectivas virológicas, la magnitud de la nueva emergencia viral.

Un año después de esas primeras incertidumbres es mucho lo que hemos aprendido. Mucho lo que hemos logrado, ¡hasta una milagrosa vacuna! —varias, de hecho—. Por desgracia, sigue siendo mucho lo que nos falta por saber, empezando por la pregunta obvia: ¿se quedará como estacional, con nosotros *forever and ever*? Todo apunta en esa dirección.

No he pretendido escribir ningún tratado de coronavirología. No osaría tanto. Tampoco ningún ensayo sesudo, descripción de teorías/hipótesis o clase magistral novelada. Nada de todo eso lo encontrará —y si lo hace será pura casualidad— en el libro que sostiene entre sus manos —o en la *tablet,* dependiendo del formato final—. Simplemente, o no tan simple, he pretendido escribir algo intimista, sin ninguna sucesión lineal de acontecimientos. Eso sí, me apoyaré en el calvario que pasamos muchos españoles durante la «cuarentena madre de todas las cuarentenas» para, en primera persona, ir relatando aquello que fue aconteciendo desde la proclamación del estado de alarma del 14 de marzo del 2020 hasta el desconfinamiento. Tampoco será, en este caso, lineal. Apoyándome en una serie de relatos que con el nombre de «Diario de una cuarentena» fue publicando semanalmente la revista *El Cultural,* iré estableciendo una comparativa de lo que se sabía entonces con lo que sabemos ahora —tampoco para tirar cohetes—. Iré contrastando aquellos resultados que siguen vigentes más de un año después de entrar en este sórdido túnel pandémico y, claro está, desvelando los tratamientos, teorías, leyendas o bulos que fueron cayendo por el camino y aquellos otros que se consolidaron —porque haberlos, haylos—. Para que no todo sea coronavirus —¿o sí?—, le daremos el justo toque de suspense sobre unos síntomas estomacales que me afloraron a los pocos días del confinamiento y que no me abandonaron durante meses —de hecho, los sigo padeciendo en este mismo momento—. Pensé que era el dichoso bicho. Visitas a los centros de salud de mi barrio, a varios hospitales de referencia COVID, varios viajes en ambulancia y, finalmente, ingreso hospitalario. ¿El diagnóstico? Ah…, ah…

Por supuesto, habrá historia de virus la justa, taxonomía vírica la justa, estructura viral la justa, conflictos políticos ¡de sobra! Tras abandonar la cuarentena, aquella proclama triunfal del presidente del Gobierno de principios de junio de «Hemos vencido al virus» tuvo inmediatamente la réplica del patógeno aludido: semanas más tarde comenzaba un nuevo calvario del que todavía no hemos salido. Una segunda ola —con oleaje inicial y todo— que nunca vencimos unida, a partir del primer puente de diciembre, a una escalada imparable de los casos de infección, de la incidencia acumulada a 14 días y 100.000 habitantes agravada, a finales de enero, por la entrada en escena de nuevas variantes —con disputa de si son o no cepas, al estilo de «galgos o podencos»— más contagiosas y eficientes en su diseminación. ¡Y ahí andamos!

Contaré algunos avances científicos tras la desescalada, algunas incertidumbres sobre vacunas, inmunización, protección en el tiempo, reinfecciones, nuevos fármacos, y, claro está, no podré terminar de otro modo que no sea hablando de aquello de… «Y ahora… ¿qué?». ¿Qué nos depara el futuro? Yo se lo diré haciendo *spoiler* —o «destripamiento», si prefiere un término más castizo—: vendrán más pandemias y, seguramente, algunas tanto o más peligrosas. En su libro *Viral*, el neurólogo español afincado en los States, Juan Fueyo, siendo un «pelín» menos sutil que yo, afirma que en menos de una década podríamos morir varios miles de millones de hijos de vecinos. Yo, desde luego, no seré tan tajante, pero, como virus como la gripe aviaria, con más de un 30 % de letalidad cada vez que ha pasado a humanos, aprendan y evolucionen hasta poder transmitirse tan eficientemente en nuestra especie como ya lo hace la conocida como gripe A pandémica de 2009…, en fin…

Por último, le libraré de bibliografía a pie de página —que difícilmente nadie consulta y que, por otra parte, suele quedar obsoleta en el mismo momento de imprimirla—, indicando, eso sí, alguna web, algún libro o artículo concretos, junto con un pequeño glosario de los términos más significativos, al final del libro. Ah, y si mis editores lo tienen a bien, aderezaremos las interminables páginas monótonas con alguna que otra imagen. ¿Comenzamos?

El 2020 a vista de pájaro vírico

La vacuna —en realidad, las vacunas— contra el coronavirus, el esfuerzo económico, científico, empresarial, técnico, administrativo, político y social ha sido reconocido por la prestigiosa revista internacional *Science* como el hito científico —el *breakthrough of the year*— del 2020. Se han quedado cortos. Haber acortado todos los trámites experimentales y administrativos para conseguir varias vacunas contra un patógeno vírico en menos de un año —sobre una media de una década para otros medicamentos y vacunas—, solapando fases y evaluaciones minuto a minuto, sin perder un ápice del rigor que se les exige a estos medicamentos —los únicos que nos administran estando sanos—, no es un hito, un logro puntual que se pueda circunscribir a un solo año. Es, sin duda, uno de los mayores logros de la humanidad de los últimos siglos. Por ello, es triste ver con impotencia, con la impotencia que supone la comprobación de que los mensajes negativos, agoreros, «conspiranoicos» —la RAE tendrá que reconocer este término en cualquier momento— de iluminados trasnochados sin el menor rigor científico recorren las redes hasta siete veces más rápido que los informes basados en la experimentación y el método riguroso de la ciencia, con sus aciertos, sus errores, su falsación y su verificación, pero siempre con el rigor que dan siglos de investigación.

Envejezco solo con pensarlo —ya no puedo decir que me salen canas—, pero llevo la friolera de 35 años dedicado a la investigación en virología, como inmunovirólogo —tesis doctoral—, oncovirólogo —posdoctoral en el Centro Alemán de Investigaciones Oncológicas, en Heidelberg, Alemania— y, actualmente, como director del Grupo de Neurovirología de la Universidad Autónoma de Madrid (UAM). También empecé a divulgar ciencia, otra de mis pasiones —junto con los filetes empanados y el arroz con leche, si le preguntan a mi madre—, desde el 89, tras la lectura de mi tesis doctoral. Comencé dando algunos seminarios por aquí y por allá sobre transgénicos, biotecnología, virología; enseñando los departamentos técnicos del Centro de Biología Molecular (CBM) —con Severo Ochoa todavía trabajando en él— a los alumnos de secundaria. Posteriormente, participando en las Semanas y Ferias de la Ciencia, participando tímidamente en programas de radio hasta que, tras publicar mi primer libro de divulgación, *¿Qué es un transgénico? Y las madres que lo parieron...* (Ed. Sirius), me entrevistaron en el programa nocturno de Radio Nacional *De la noche al día*, dirigido por Manolo H. H. Más de una decena de libros de divulgación después, sigo colaborando, ahora con programas propios y otras colaboraciones en RNE, Radio 5 y Radio Exterior. También he sido director de cultura científica de la UAM y, en la actualidad, lo soy del CBMSO —siglas «SO» en honor y tras la muerte del genio Severo Ochoa—. Por todo ello, como virólogo y divulgador científico en activo, he visto con estupor la aparición últimamente en los Medios de tanto «experto» en virología, epidemiología, en vacunas, divulgación científica..., máxime cuando, tras un debate, uno de ellos espeta el siguiente argumento: «... yo soy divulgador y tú eres científico, por eso estás en el sistema y ¡mientes!». Sin más comentarios...

Volviendo a las vacunas, volviendo al hito del 2020 según *Science*, indicar que ningún logro —o casi ninguno— surge de una noche iluminada de ningún científico. Creo que fue Pablo Picasso el que dijo aquello de «... cuando llegue la inspiración, que me encuentre trabajando»; pues bien, la inspiración en ciencia lleva años, décadas de trabajo previo. Las vacunas se habrán elaborado en un tiempo récord, pero el fundamento experimental previo llevaba lustros macerándose en los laboratorios, en los congresos internacionales: cómo elaborar un virus recombinante, cómo diseñar una nueva molécula de ARN capaz de entrar en nuestras células en micro o nanovesículas lipídicas, que sea estable, que no sea reconocida como un enemigo por nuestro sistema de defensa inmune, innato, celular, que se exprese y produzca proteínas, que estas se transporten a la superficie de la célula para ser reconocidas por el sistema inmunológico, activándose una respuesta duradera, humoral y celular —a ser posible—, algo que, mientras escribo estas líneas, sigue comprobándose. Nada, ¡nada!, puede improvisarse sobre un medicamento que no cura, que protege, que previene, que, como dije anteriormente, nos inoculan estando sanos, a miles, millones, ciento o miles de millones de seres humanos. Cualquier error de cálculo podría ser garrafal. Cuando se ponderan los efectos de una pandemia, como la de la COVID-19, la del coronavirus SARS-CoV-2, sobre los beneficios de una vacunación colectiva, no hay margen para imprevistos.

Tal y como publica la web de *Science* sobre los diez mayores logros del 2020, el 31 de diciembre del 2019, funcionarios de salud en Wuhan, China, informaron sobre un misterioso grupo de casos de neumonía que había afectado a cerca de 30 personas. Una semana más tarde, *The Wall Street Journal* abrió la veda a uno de los años más luctuosos de la historia mundial reciente revelando que los casos de neumonía estaban relacionados con la infección de un nuevo coronavirus. Apenas dos días después, el 10 de enero del 2020, los científicos publicaron la secuencia genética del ya conocido como SARS-CoV-2, en su momento nCoV, coronavirus asociado al Síndrome Respiratorio Agudo y Severo-2 —diferenciándolo del diez veces más virulento SARS-CoV-1, aparecido y desaparecido casi 20 años antes—. En esta ocasión, al menos, todo apuntaba a un mayor esfuerzo de transparencia del Gobierno chino. Transparencia que no todos admiten como cierta. Sea como fuere, tras dicho comunicado, arrancó la lucha por la búsqueda de una vacuna. Apenas unas semanas más tarde, en febrero del 2020 ya eran varias las empresas que habían comunicado sus respectivos proyectos en busca de vacunas contra la COVID-19. Por mencionar algunas de las primeras, tendríamos a CanSino Biologics, Sinopharm o Sinovac Biotech en China o Inovio Pharmaceuticals, o la ya conocida Moderna, en Estados Unidos. En el viejo continente arrancaron BioNTech, que posteriormente se uniría a la farmacéutica Pfizer para elaborar la que marcaría el hito mundial en ser la primera vacuna aprobada mundialmente, la Universidad de Oxford junto con AstraZeneca, Janssen y Sanofi Pasteur. Unos meses más tarde, ya pasarían del centenar el número de proyectos vacunales. Como dije anteriormente, uno de los mayores logros de la historia de la biomedicina y biotecnología contemporánea.

Todos estos temas y algunos más se irán desgranando a lo largo del presente libro, pero, así, a vista de cóndor andino —por hacer un guiño a otro récord, el del ave más grande del mundo con capacidad de vuelo—, y por si es de los lectores impacientes que no pueden esperar y acaban yendo directamente a la última página del libro, he aquí, a modo de *spoiler*, tal y como lo enumera *Science*, la sucesión de hechos destacables sobre la pandemia coronaviral a lo largo del horrible 2020:

- 31 de diciembre de 2019: Se informa desde Wuhan, China, de una serie de misteriosos casos de neumonía.
- 8 de enero de 2020: Se hace público el descubrimiento de un nuevo coronavirus causante de las neumonías observadas una semana antes.
- 10 de enero: Se secuencia el genoma del virus y se publica en *virological.org*.

- 20 de enero: Se confirma la transmisión humano-humano (mal momento para la humanidad).
- 23 de enero: Wuhan se confina al mismo tiempo que se comprueba que la secuencia viral es un 96.2 % idéntica a la de un coronavirus encontrado en un murciélago de herradura.
- 30 de enero: La Organización Mundial de la Salud (OMS) declara el hasta ese momento brote epidémico Emergencia de Salud Pública internacionalmente preocupante.
- 5 de febrero: Todo un crucero, el Diamond Princess, está de cuarentena.
- 11 de febrero: El nCoV termina adquiriendo su nombre definitivo, SARS-CoV-2, y la enfermedad, «Enfermedad del Coronavirus de 2019», COVID-19, en inglés. Se confirman algunos de los principales factores de riesgo de la enfermedad, tales como la edad, hipertensión, diabetes, enfermedades cardíacas y, aunque menos concluyente, ser hombre.
- 17 de febrero: Se empieza a sospechar de la diseminación «silenciosa», aérea, del virus como causa de la expansión de la COVID-19.
- 19 de febrero: Se consigue una imagen de la estructura atómica de la proteína de la espícula del virus, la famosa *Spike*, que le otorga esa típica forma de corona «solar» y que será fundamental para el desarrollo de vacunas. Se trata de la proteína viral S, la «llave» que abre la «cerradura» de entrada a la célula que va a infectar.
- 23 de febrero: Se notifica el primer gran brote epidémico europeo en Italia.
- 11 de marzo: La OMS declara al coronavirus pandemia mundial.
- 14 de marzo: Se declara el estado de alarma en España con un cese de toda actividad no esencial y confinamiento domiciliario que durará varios meses, en mayor o menor medida.
- 16 de marzo: Se lanzan los ensayos clínicos de los proyectos vacunales de Moderna y CanSino. Desde el Imperial College de Londres ya informan del más que probable colapso hospitalario.
- 26 de marzo: Se declara a Nueva York epicentro de la pan-

demia en los EE. UU. Se empieza a sugerir que el virus se podría expandir en aerosoles a partir de las observaciones en algunas habitaciones hospitalarias.

- 28 de marzo: Se concede la autorización de emergencia para el uso de la hidroxicloroquina.
- 3 de abril: Se pone de relevancia oficialmente el papel protector de las mascarillas. Queda demostrada la implicación del virus en múltiples daños orgánicos, como el corazón, vasos sanguíneos, riñones o cerebro.
- 19 de abril: Se publican las primeras evidencias de que las vacunas protegen a primates.
- 24 de abril: Se constata la importancia de los portadores asintomáticos en la transmisión del SARS-CoV-2.
- 27 de abril: Se publica el papel beneficioso del Remdesivir en la reducción de la estancia hospitalaria en pacientes graves (o eso se creía).
- 28 de abril: El presidente del Gobierno, Pedro Sánchez, presenta el plan de desescalada del confinamiento por provincias dividido en cuatro fases, que irán poniéndose en marcha de forma gradual según la situación epidemiológica de cada zona del territorio español.
- 15 de mayo: Se lanza el proyecto Operación *Warp Speed vaccine* (algo así como «Operación de la Vacuna Relámpago», si se me permite la licencia poética…).
- 4 de junio: Como era de esperar tras el hito histórico de publicaciones científicas casi sin control alguno, miles y miles, las principales revistas médicas empiezan a retractarse de muchos artículos publicados sobre datos falsos y/o fabricados.
- 5 de junio: Hablando de «culebrones», aquí uno de los más sonados. Se publica que la hidroxicloroquina no reduce la media de fallecimientos entre los pacientes hospitalizados.
- 15 de junio: Se revoca la autorización para el empleo de la hidroxicloroquina.
- 16 de junio: Una de cal… Se publica que la dexametasona reduce la muerte hasta en un tercio de los pacientes hospitalizados.

- 21 de junio: Tras 99 días de confinamiento, se decreta el fin del estado de alarma en España. Finaliza la cuarentena sanitaria más larga del siglo. El presidente del Gobierno proclama: «Hemos vencido al coronavirus». Craso error...
- 9 de julio: Se publican los primeros estudios que apuntan a efectos persistentes de la COVID.
- 25 de agosto: Aparece el primer caso confirmado de reinfección.
- 9 de septiembre: El proyecto internacional COVAX sobre distribución de las ya avanzadas vacunas logra el consenso de las dos terceras partes de los países del mundo.
- 24 de septiembre: Al parecer, hasta un 14 % de los casos más severos de la COVID-19 podrían depender de factores genéticos. A lo largo de las siguientes semanas se confirma la segunda ola pandémica en Europa y EE. UU.
- 9 de noviembre: Pfizer-BioNTech anuncia una eficacia de su vacuna de ARN de más del 90 %.
- 16 de noviembre: Moderna dice que su vacuna, también de ARN, tiene más efectividad que la de sus competidores. Cerca del 95 %.
- 23 de noviembre: AstraZeneca informa sobre sus «raros» y polémicos resultados —con un error prodigioso de por medio— que la eficacia de su vacuna basada en adenovirus de chimpancé tendría entre un 62 y 90 %.
- 24 de noviembre: No hay tres sin cuatro. El instituto ruso de Gamaleya habla de un 91.4 % de eficacia para su vacuna de adenovirus humano Sputnik V.
- 2 de diciembre: La agencia británica del medicamento es la primera en aprobar y autorizar la vacunación contra la COVID-19 con la vacuna de Pfizer.
- 8 de diciembre: Margaret Keenan, una anciana de 91 años, se convierte en la primera británica en recibir la vacuna de Pfizer BioNTech. Curiosamente, también se vacunaría William Shakespeare, ¡qué cosas!
- 9 de diciembre: China empieza a publicar también los datos de eficacia de sus primeras vacunas —aunque, al parecer, llevaban ya miles de vacunados—.

- 14 de diciembre: Comienza la vacunación en EE. UU.
- 27 de diciembre: Araceli Rosario Hidalgo, en la residencia de mayores de Los Olmos, en Guadalajara, se convierte en la primera española en vacunarse contra la COVID-19. «No hace nada», creo que dijo...

Toda la información sobre los hitos del 2020 de la revista *Science* los puede consultar en https://vis.sciencemag.org/breakthrough2020/

Sea como fuere, toda historia tiene un comienzo, una toma de decisiones, un planteamiento y, claro está, una serie de errores y aciertos que marcan la trayectoria de los acontecimientos. ¿Pudimos evitarlo? ¿Cometimos muchos errores —y los seguimos cometiendo—? ¿Fuimos, en España, peores, o mejores, gestionando los primeros momentos de la pandemia?

¿Errores o negligencia?

Vamos camino del 20.º aniversario del trágico atentado del 11 de septiembre de 2001 sobre las Torres Gemelas, el World Trade Center de Nueva York. Un atentado que pudimos ver aterrorizados a tiempo real, minuto a minuto. Un atentado, con casi 3000 fallecidos, que se ha convertido en medida de muerte en la era de la COVID-19 hasta el punto de contabilizar los fallecidos en EE. UU. en plena segunda ola —un tsunami de muertos que se ha fusionado ya con la tercera acometida pandémica— por su comparativa con el 11S: «Están falleciendo un 11S al día», dicen los diarios. Mientras tanto, en España —en el momento de escribir estas líneas— la medida la da un Boeing 747, con sus 400 pasajeros, más o menos.

Todavía con el eco machacón de esta tragedia, un año más tarde, en noviembre de 2002, nos llegaba información, sesgada y no muy clara, de unos casos raros de neumonía en China. Aquellos casos aislados acabaron en epidemia viral. Un virus desconocido para la mayoría de los mortales, un coronavirus bautizado como SARS-CoV, causante del denominado Síndrome Respiratorio Agudo Severo, fue aislado y secuenciado como el culpable de los brotes. Los habitantes de Pekín —o Beijing, si lo prefiere— y gran parte de China quedaron aislados, confinados, paralizados. Entre China, Hong Kong y Taiwán se infectaron más de 8000 personas, falleciendo en torno a 1 de cada 10 infectados. Una tasa de letalidad, el 10 %, y una mortalidad —tasa de fallecimientos entre la población global— mucho más que preocupante. Cerca de 30 países, incluido España, reportaron casos de infectados, ya fueran importados o endémicos.

El 15 de marzo de 2003 —¿le suena la fecha?— la OMS anunció la alerta mundial. También informaron de la situación alarmante los Centros de Control y Prevención de Enfermedades, los famosos CDC, quienes apuntaron a un nuevo tipo de coronavirus nunca visto hasta la fecha como culpable. Tal y como vino en 2002, un par de años más tarde, con casos esporádicos en 2004, el virus desapareció, con un balance oficial final de unos 8500 casos y algo más de 900 defunciones. No se confirmó la transmisión asintomática, lo que, a todas luces, facilitó el seguimiento y aislamiento de los casos. Más cosas…

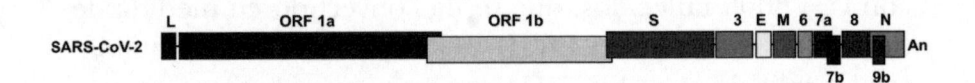

Esquema del genoma del SARS-CoV-2. Los cuadros representan cada uno de los genes virales, cuyo nombre se indica encima de los mismos. L, secuencia líder; ORF, fase de lectura abierta; An, poli(A). [Autores: Sonia Zúñiga, Luis Enjuanes, Laboratorio de Coronavirus CNB-CSIC]

La pandemia, la primera gran pandemia del siglo XXI, se originó en la región del sureste chino de Guangdong, supuestamente por el contacto estrecho entre humanos y animales de todo tipo. Tráfico y comercio irregulares —cuando no directamente ilegales—; la venta y el consumo de cualquier cosa que repte, vuele, nade, corra, con pluma, pelo o escama eran, y siguen siendo, habituales en aquella, como en otras, zona del planeta. El contacto directo y prolongado entre nuestra especie y otros animales conlleva el riesgo de zoonosis, de transferencia de patógenos entre otras especies y la nuestra. En aquella ocasión, se confirmó que el virus habría pasado desde alguna especie de murciélago —nada raro si consideramos que una de cada seis especies de mamíferos es de murciélago— a, posiblemente, las civetas, un pariente de nuestras ginetas, de la familia de los vivérridos, al parecer muy codiciadas culinariamente hablando por aquellas regiones asiáticas.

Aunque finalmente se informó del control de la pandemia, no estaba nada claro al principio. En menos de 24 horas el virus se extendió a cinco países. Hubo un despliegue internacional muy intenso para desarrollar vacunas y nuevos medicamentos. Todos aquellos proyectos, más o menos avanzados, acabaron en el cajón de muchos laboratorios participantes. Pero claro... que «milagrosamente» el virus iba a ser contenido y erradicado era algo que se desconocía al principio, en 2002 y gran parte del 2003, cuando solo se sabía su virulencia; más de un 10 % de los infectados morían. Ningún país, a excepción de China, decretó un confinamiento estricto. Ahora, demos un saltito de una década...

Nos la prometíamos muy felices con el SARS-CoV-1 ya en el baúl del olvido pandémico. Había pasado casi una década desde aquel síndrome respiratorio grave pululando por una parte de la aldea global. Eso sí, el SARS-CoV-1 no fue la única especie de coronavirus que tiene a nuestra especie metida «entre ceja y ceja». En conjunto, siete han sido las pandemias, en mayor o menor medida, coronavirales que han sido estudiadas en el *Homo sapiens* —HCoV-229E, HCoV-NL63, HCoV-OC43, HCoV-HKU1, MERS-CoV, SARS-CoV-1 y, claro está, SARS-CoV-2—. Seis siguen activas y algunas de ellas fueron descubiertas en las últimas dos décadas. Aunque ya hablaremos más detenidamente de virología taxonómica —no se asuste, que no dolerá—, desde el primer virus del SARS hasta la actual pandemia se han caracterizado tres especies diferentes, tanto de alfa como beta-coronavirus.

A finales del 2004, todavía con el eco de algún caso esporádico de infección por SARS-CoV-1, un jovencito holandés de tan solo siete meses de vida con bronquiolitis se convirtió en el primer caso conocido de alfacoronavirus NL63, el cual, por cierto, utiliza el mismo receptor celular para infectar que el coronavirus pandémico actual, la ya socialmente conocida, la ya socialmente conocida ACE-2 (enzima Convertasa —o convertidora— de la Angiotensina-2). Este virus es pandémico, confirmándose casos a lo largo y ancho de este mundo —¡cómo me gustaban, de pequeño, hace ya medio siglo, los chiripitiflaúticos y escuchar al capitán Tan cantando esta canción…!— causando, eso sí, una infección suave, moderada y pasajera de las vías respiratorias superiores la mayoría de las veces, por lo que no ha tenido tanta repercusión mediática. No obstante, como con todos los patógenos, de vez en cuando, la infección afecta a las vías inferiores, afectando a los bronquios y causando una patología más severa. Ningún país decretó medida especial alguna para controlarlo.

Previamente, en enero de ese mismo 2004, se había documentado la existencia de otro coronavirus en un hombre en Hong Kong. Este nuevo patógeno, bautizado como betacoronavirus HKU1, puede, como NL63, causar síntomas parecidos a los de un catarro común o, en casos puntuales, avanzar hasta neumonía o bronquiolitis. También presenta, como los anteriores, una distribución mundial, y tampoco ha sido portada de periódicos ni motivo de medida coordinada de contención. Otras dos especies de coronavirus, el alfacoronavirus 229E y el beta OC43, este último con sus múltiples genotipos, están también ampliamente distribuidos por todo el planeta causando, asimismo, síntomas respiratorios normalmente autolimitantes y no severos. Son de los primeros virus pertenecientes a la familia *Coronaviridae* en ser descubiertos y descritos desde mediados del siglo pasado, cuando June Dalziel Hart, conocida como June Almeida tras su matrimonio con el venezolano Enrique Rosalio Almeida, contra todos los escépticos y críticas, sostuvo que aquellos viriones tan extraños que veía por un microscopio electrónico, en 1966, no eran virus de gripe con aspecto solar, sino… otra cosa. Siendo mujer en una sociedad tan machista como la inglesa —o escocesa— de mediados del siglo pasado, tuvo muchos problemas hasta que sus observaciones fueron aceptadas y publicadas.

En realidad, fue el SARS-CoV-1 el primer coronavirus humano documentado capaz de presentar una tasa de letalidad tan alta como el 10 % —una mortalidad realmente preocupante—. Un virus muy virulento, comparativamente más peligroso que la gripe de 1918 —la siempre mal bautizada como «gripe española»—, si se hubiera adaptado a nuestra especie con la facilidad de transmisión que presenta su «nieto» SARS-CoV-2. Afortunadamente desapareció, aunque, una década más tarde nos encontramos con la amenaza potencial de otro coronavirus con una letalidad, nada más y nada menos, del 35 %. ¡Un tercio de los infectados por este nuevo bicho, si me permiten el desprecio, moría! Hablamos del betacoronavirus del Síndrome Respiratorio de Oriente Medio, MERS-CoV. Como el SARS-CoV-1, y otros tantos coronavirus, el MERS se originó, con total seguridad, en murciélagos. De aquí, también casi con total seguridad, pasó a otro animal reservorio donde se adaptó a sobrevivir a altas temperaturas: el camello. Desde estos camélidos, desde sus secreciones nasales, de forma esporádica, puede infectar a humanos causando la muerte, como se ha comentado, de uno de cada tres infectados. Al parecer, el 100 % de los camellos de la península arábiga son serológicamente positivos para este patógeno. También se ha detectado hasta en un 15 % de los camellos españoles, analizados en algunos parques temáticos naturales de las islas canarias. Afortunadamente, el virus no ha aprendido todavía a transmitirse efectiva y eficientemente entre nuestra especie. No obstante, sigue presente y activo, considerado por la OMS como preocupante y plausible causa de futuras epidemias o pandemias. En la actualidad, poco más de una veintena de países se han visto afectados, con más de mil infectados y cerca de un 35 % de fallecimientos. Excepto medidas puntuales en los países más afectados, ningún país decretó cierres de fronteras, cuarentenas o confinamientos preventivos. ¿Por qué insisto en este punto?

España es un país de contrastes, con alta esperanza de vida, generosidad en donación de órganos, alta calidad de vida —según parámetros internacionales—, pero, lamentablemente, unos índices de paro crónicamente alarmantes y una talla política que, por desgracia, deja mucho que desear. Vemos con tristeza e impotencia cómo sistemáticamente se utilizan las situaciones más luctuosas, como las catástrofes naturales, la inseguridad laboral, el paro, la vivienda o, incluso, el terrorismo, como arma arrojadiza, populismo y propaganda electoralista de «pesca» de potenciales votos en los diferentes caladeros ideológicos, en lugar de remar en la misma dirección. La pandemia no ha podido ser, desafortunadamente, una excepción. Más bien al contrario. Nunca había estado —al menos en tiempos de paz— la sociedad española más polarizada que ahora, en plena excepcionalidad y alarma sanitaria. Incluso hemos tenido que escuchar por boca de algún político la hipócrita declaración de que «la crispación de la calle se ha trasladado al parlamento», cuando, desgraciadamente, con miles y miles de fallecidos por la COVID-19 cada semana la realidad es justamente la contraria: broncas políticas en plena jornada supuestamente dedicada «a la memoria de los que se fueron», por si llegan o no las mascarillas, los test, por el cálculo de muertos, por la incidencia en la expansión de la pandemia según un acto —mitin político, evento cultural o manifestación— fuera de un signo político u otro, por si se declara el estado de alarma, por si se deja de declarar, por si debe asumir el Gobierno el control central, por si no lo hace, luchas entre el Gobierno central y las autonomías, entre autonomías… La crispación se ha trasladado, como comentaba anteriormente, desde las Cámaras (Alta y Baja) a la calle, a los amigos, a los vecinos, a las familias. No recuerdo en toda mi vida haber tenido que dejar de hablar de según qué temas con mis amigos y familiares. Ahora, debo tener mucho cuidado sobre qué medida contra la pandemia apoyo o critico. En un programa televisivo traté de explicar —quizás inocentemente— cómo, en un Madrid abierto, sin medidas de protección, con todos los transportes abiertos, millones de personas en el metro, autobuses abarrotados, partidos de fútbol, centros comerciales, mítines políticos, cines, teatros, calles hacinadas… decir que la manifestación del 8M —o cualquier otro hecho puntual— había sido un factor «decisivo» para la expansión del virus tenía más de cariz político que epidemiológico. Por supuesto que todo lo que hicimos en España antes del confinamiento del 14 de marzo del 2020 pudo contribuir a la diseminación, silenciosa o no, del coronavirus. No hay que buscar justificación en un acto puntual —un mitin o una manifestación de este o aquel signo político, por ejemplo— como eje vertebrador de la expansión pandémica por muy bien que les venga a nuestros políticos de un color o de otro. Al día siguiente de mis declaraciones, como se dice entre los jóvenes, «me cayó la del pulpo» en las redes. Amenazas y difamaciones varias, de un lado; halagos y apoyos, del otro. Aunque la tormenta amainó, un año más tarde se siguen utilizando los mismos argumentos por nuestros representantes en el Parlamento para sus disputas nada edificantes. Sea como fuere, ¿actuamos poco, tarde y mal en los primeros momentos de la pandemia?

Samuel Hahnemann (1755-1843), médico sajón, inventó —y digo bien, inventó— una práctica médica —que de médica no tiene nada— alternativa conocida como «homeopatía». Estoy convencido de su bondadosa intención cuando, viendo lo desastroso de las prácticas médicas de la época —sangrías masivas con alto porcentaje de muertes, más por la intervención que por la enfermedad—, dejó la práctica médica para dedicarse a la traducción de libros. En un momento de lucidez o «iluminación», y tras aplicarse un tratamiento contra el paludismo que le provocaba algunos síntomas parecidos a los de la propia malaria, creyó demostrar que aquello que nos mata a diluciones infinitesimales nos podría curar —«lo semejante cura lo semejante»—. Postuló que lo mismo que produce ciertos síntomas en un individuo sano, si se lo aplicamos a un enfermo, lo podría curar. Acababa de nacer la homeopatía. No es mi intención explayarme mucho más en este punto, pero sí señalar que a comienzos del siglo XIX ya se aplicaba la homeopatía con las mismas técnicas —inamovibles— que se emplean actualmente: diluir un supuesto «principio activo» miles de millones de veces hasta que en el producto final no queda ni una sola molécula del supuesto compuesto curativo. Hace 200 años la técnica funcionaba, ¿por qué? Porque aplicar agua a un enfermo, o no hacer nada absolutamente, estadísticamente era más efectivo que las técnicas médicas aplicadas en aquella época. Por suerte, la medicina ha evolucionado bastante desde entonces. Hoy tenemos fármacos y terapias muy específicas y efectivas contra la gran mayoría de enfermedades. Hoy, aplicar agua solamente, lo que promulga la homeopatía, es una temeridad e irresponsabilidad —debería estar tipificado como delito— cuando la prescribe un profesional sanitario obligado por el código deontológico. Pero ¿qué pinta este párrafo en un contexto de pandemia? No. No se me han cruzado los cables —al menos, no ahora—. Lo que se acaba de comentar sobre la homeopatía se podría aplicar a otras muchas pseudociencias, pseudoterapias. Estas prácticas no basadas en el método científico son inalterables al paso del tiempo. Surgen por la iluminación —o tras una mala noche— de un «gurú» puntual que acaba estableciéndose, en muchas ocasiones, como dogma sectario que perdura y perdura, inmaculado, a lo largo del tiempo. La medicina, la ciencia, va por otros derroteros.

    Estamos viviendo una pandemia mediática, a tiempo real. Como dice la propaganda, «¡está ocurriendo y lo estamos contando!». Nunca antes los científicos —la ciencia en general— habíamos estado expuestos, para bien o, en muchos casos, para mal, a la galería y, con ella, al juicio social. En un estado generalizado de frustración y desesperación ante el avance imparable de un patógeno maligno, cuesta admitir que el método científico requiere un tiempo de verificación y consolidación; que los avances, que los nuevos datos, que la experimentación llevan un ritmo de consolidación que, comprensiblemente, ni la sociedad ni los medios de comunicación están dispuestos a soportar. Mucho y muy rápido ha ido cambiando lo que sabemos del SARS-CoV-2 y su manifestación clínica, la COVID-19. También es mucho lo que desconocemos todavía. Nunca antes, en la historia de la humanidad, se había avanzado tan rápidamente en el conocimiento de un enemigo microscópico, en el diagnóstico, prevención, en el desarrollo de vacunas eficaces —al menos, mientras escribo estas líneas—. Por desgracia, con hospitales colapsados, con nuestros fallecidos a los que ni podíamos despedir, con la emergencia mundial que arrancó aquel 31 de diciembre de 2019 y se materializó durante la primavera del 2020, era perentorio actuar rápida y decididamente. Se fue actuando a medida que se iban aportando más y más datos. Lamentablemente no todos los intentos por salvar vidas funcionaron. Muchas acciones resultaron, además, contraproducentes. Ahora sabemos que algunos de los tratamientos compasivos utilizados al principio pudieron infligir más daño —si me permiten la redundancia de la expresión— que la propia exacerbación de la respuesta inmune. ¿Se actuó mal, poco o tarde? Por supuesto, dependiendo del color político del encuestado, seguramente esta pregunta tendrá una u otra respuesta o, al menos, uno u otro matiz. Por supuesto que se actuó tarde. En España y en el resto del mundo. Como se comentó anteriormente, ya habíamos sufrido varias pandemias, pero ¿qué hicimos? ¿Qué hicimos tras ver que el SARS-CoV-1 salía de China, o el MERS? ¡Nada! Se invirtió algo más en investigación.

Se elaboraron algunas vacunas que, me consta, acabaron en un cajón cuando pasó la amenaza. ¡Craso error! Afortunadamente, el SARS-1 fue controlado en origen y desapareció casi como había aparecido. El MERS sigue activo, aunque, de momento, solo parece haber afectado a un puñado de seres humanos tras el salto del virus desde camellos infectados o por contacto estrecho en hospitales. ¿Qué hubiera pasado si tras la amenaza de unos virus, SARS-1 y MERS, con una mortalidad del 10 y 35 %, respectivamente, hubiéramos paralizado la civilización ante el temor de una pandemia más grave que la que estamos sufriendo ahora? No lo sabremos, aunque, seguramente, habrían seguido nuestros políticos bajando al barro del enfrentamiento tosco. El caso es que la pandemia, a lo largo de enero, aumentaba y aumentaba en China y unos pocos países vecinos. Quizás —y digo quizás— el resto del globo pensaba que se trataba de otro virus endémico pasajero en la lejana Asia. En febrero, el virus saltó peligrosamente a Italia. ¿Qué hizo el resto de Europa? ¡No mucho! Cuando quisimos reaccionar, siempre con instrucciones, polémicas o no, desde la OMS, ya estaba el virus circulando por medio continente; especialmente por España, silente, asintomático —algo que no se corroboró hasta finales de marzo—. ¿Se actuó tarde? Seguramente sí. Lógicamente, cuando nos confinamos el 14 de marzo, el SARS-CoV-2 ya campaba comunitariamente a sus anchas. ¿Desde cuándo estaba el virus circulando en nuestro país? No se sabe —incluso algún grupo veterano y reputado de virología llegó a afirmar que habían detectado secuencias víricas en muestras de agua de marzo del 2019, ¡marzo del 2019!—. ¿Cuándo tendríamos que habernos confinado? No se sabe. ¿Qué hubiera pasado si condenamos a la sociedad, a la cultura, a la economía, a la vida española o europea, en general, a la inactividad total, a la recesión que, de hecho, estamos viviendo, sin las pruebas fehacientes de transmisión descontrolada del patógeno? No lo sabremos. Por supuesto, muchos analistas, echando la vista atrás —siempre me han «sorprendido» los duchos en hacer predicciones «del pasado»—, comentan que Europa, empezando por España, tendría que haber actuado antes, que había signos suficientes para haber actuado más decididamente de forma más precoz. Sea como fuere, España no se confinó con peores signos pandémicos que el resto de nuestros vecinos europeos. Según la página oficial del Departamento de Seguridad Nacional (https://www.dsn.gob.es/es/actualidad/sala-prensa/coronavirus-covid-19-14-marzo-2020), el 14 de marzo de 2020 los casos de COVID-19 notificados ascendían a 5753, lo que suponía un 12,23 casos acumulados por 100.000 habitantes, entre ellos, 136 fallecidos —también acumulados— y 293 ingresados en la UCI. Mientras escribo estas líneas, la incidencia acumulada pasa de 300, y la de fallecidos diarios, no acumulados, de 200, y seguimos discutiendo si debemos cerrar o no los restaurantes, las escuelas; si debemos o no tener toque de queda; si nos podemos reunir 6 o 10 en las casas. Tristemente, estas cifras, estas diatribas políticas, solo han conseguido ahondar más en la grieta social sin permitir actuar sinérgicamente contra el virus, en vez de contra el adversario parlamentario.

La ciencia que rodeaba —y rodea— a la pandemia también ha sufrido constantemente el hostigamiento, el hastío —justo a veces— mediático y social. Todos los virólogos —como creo haber dicho anteriormente, surgieron expertos como champiñones— teníamos que salir al paso de la presión de los medios de comunicación haciendo afirmaciones con los datos experimentales de cada momento. Se erró, y se acertó, muchas veces. La pseudociencia, sin la presión del rigor científico, no se equivoca nunca. La ciencia, sí. Basándome en los artículos que iban cayendo en mis manos, de la información que llegaba de la OMS y de mi propia experiencia como virólogo di o apoyé información que, a la postre, tuvo que ser corregida o matizada. Debo pedir disculpas por ello, por dar información que pudo resultar contraproducente, pero no por haber actuado en cada momento de acuerdo a los datos científicos publicados, disponibles y compartidos en toda Europa. El mismo 14 de marzo del 2020, por la mañana, participaba en un reportaje para una cadena de televisión donde hablábamos del peligro de las superficies en la transmisión del virus —ahora, en comparación con los aerosoles, dicho peligro parece haberse minimizado, aunque sigue estando presente— y de lo «improcedente» que resultaba ponerse la mascarilla sin presentar síntomas —tos seca, fiebre y dificultad para respirar, se decía entonces—. La OMS comentaba que si procedíamos incorrectamente podríamos infectarnos en lugar de protegernos. Luego se diría que se lanzaba ese mensaje por el simple hecho de que no había suficientes mascarillas. Personalmente lo ignoro. Solo puedo afirmar que mis declaraciones se basaban siempre en los datos publicados hasta ese momento. A finales de marzo se constató, documentalmente, la posibilidad de transmisión asintomática del virus. Desde entonces, soy el más acérrimo defensor de la mascarilla, entre otras medidas. Asimismo, he sido defensor de la hidroxicloroquina y del Remdesivir cuando, de nuevo, las publicaciones de varios grupos apuntaban a sus efectos terapéuticos beneficiosos. Posteriormente, se descartaron como terapias efectivas. Veía con recelo una posible vacuna que llegara antes de terminar el 2020. Comentaba que «no me salían las cuentas temporales» para sumar las tres fases clínicas y el tiempo necesario de valoración, aprobación y producción del medicamento. Nunca dudé de que la vacuna que llegara a nuestro brazo habría pasado todos los controles científicos y sanitarios preceptivos. Solo dudada de «los tempos». Claro está, nunca habíamos vivido un despliegue económico, técnico, administrativo, industrial e informativo como con la vacuna anti-COVID. Decenas de miles de millones de inversión pública y privada, miles de laboratorios y gobiernos coordinados, solapamiento —que no supresión— de fases clínicas, riesgo empresarial «envasando» vacunas antes de su aprobación, certificación y valoración de las agencias de acreditación minuto a minuto de los cientos de proyectos vacunales simultáneos que se iban desarrollado. Me equivoqué. ¡Bendita equivocación! Antes de dejar atrás al 2020, ya nos estaban vacunando.

Una de mis publicaciones más polémicas en lo que llevamos de pandemia vio la luz el 27 de febrero de 2020. Apenas se habían detectado un par de casos en España —algunos turistas prácticamente asintomáticos que hacían cuarentena plácidamente en varios hoteles—; en China empezaban a contener la epidemia; la OMS estaba lejos de declarar la emergencia y, posteriormente, estado de pandemia mundial. Se hablaba de síntomas como fiebre moderada persistente, tos seca y cierta dificultad para respirar como los más frecuentes. No se conocían, todavía, casos de anosmia. Sí nos llegaba información de casos de neumonía desde Asia

—igual que en 2003 con el SARS-CoV-1, pensábamos—. Lejos estaba de conocerse la cascada de síntomas sistémicos y efectos post-COVID que padecían algunos afectados. En aquellas condiciones, la comparación con otros coronavirus catarrales y otros virus respiratorios como los rinovirus, adenovirus y, claro está, la gripe, era obligada. La revista El Cultural me solicitó un artículo comparativo entre lo que se sabía en ese momento del SARS-CoV-2 y el ortomixovirus (gripe). En mi artículo, más que «despreciar» el potencial del coronavirus, quise centrarme en los dramáticos efectos estacionales de la gripe, un virus contra el que tenemos vacuna efectiva para nuestro sector poblacional más vulnerable, cierta inmunidad de rebaño de siglos de convivencia y algunos, aunque no del todo efectivos, fármacos y que, a pesar de todo, matan en el mundo varios cientos de miles de personas; año tras año. El artículo tiene cerca de 1000 palabras, donde se explican los argumentos, tal y como a continuación se mostrará, pero las duras críticas recibidas —muchas de ellas ciertamente ofensivas y amenazadoras— se centraron básicamente en el título. Título, contemplado desde el presente, ciertamente desafortunado. No voy a escudarme diciendo que dicho título fue una decisión prácticamente editorial, puesto que no se habría publicado sin mi consentimiento. He aquí el texto para que, al margen del poco dichoso título, se juzgue la pertinencia o no del mismo:

COVID-19, MÁS QUE UN CATARRO, MENOS QUE UNA GRIPE

¿Está justificada la alarma ante el nuevo coronavirus?, ¿vamos hacia una pandemia global? José Antonio López Guerrero, neurovirólogo de la UAM y directivo de la Sociedad Española de Virología, rebaja el temor social que está despertando. 27 febrero, 2020.

Mientras escribo estas líneas, y según datos *online* de la Universidad Johns Hopkins, se han confirmado 81.243 casos de coronavirus en el mundo, con un total de 2.770

muertes y 30.311 dados de alta. Curados. Cuando usted lea este informe, ya será historia. Por otra parte, según datos de los centros de vigilancia epidemiológica, la OMS y CDC, el 80 % de los infectados por el SARS-CoV 2019 experimentarán, si acaso, síntomas leves de Covid-19; un 15 % síntomas algo más graves y, finalmente, un 5 % necesitará asistencia sanitaria más intensa. Lógicamente, en este 5 % cabría esperar cerca del 2 % de fallecidos en China —el colapso de su sistema sanitario por el aluvión de casos lo explica— o el 0,7-0,8 % fuera de este gran país origen de la epidemia, ya prácticamente convertido en pandemia.

Cambiamos momentáneamente de virus para centrarnos en la gripe, fundamentalmente en la gripe A. Aquel mismo virus que en 2009 copó la atención de todos los medios de comunicación tras los primeros casos en gente joven en México —llegué a ver un marcador digital en un congreso internacional que iba señalando la aparición de caso a caso—, con titulares, como ahora, alarmantes de «la pandemia de todas las pandemias». Esta gripe A, genotipo H1N1 es, hoy en día, el amigo nunca deseado que nos visita cada año por estas fechas. No hay titulares, no hay alarma, no hay acopio de comida imperecedera en las grandes superficies ni especulación salvaje con la venta de mascarillas, la mayoría de las veces, incluso, de calidad dudosa.

Sin embargo, la realidad de este virus H1N1, con una capacidad y, se piensa, vía de transmisión similar al nuevo coronavirus, es contundente: un informe del Sistema de Vigilancia de la Gripe en España, SVGE, correspondiente a principios del presente año señalaba que seguimos en plena campaña gripal, con un promedio de 54,6 casos por cada 100.000 habitantes —con su permiso, aquí también he incluido los casos de gripe B, minoritarios—, tenemos una tasa de hospitalizaciones cercana a tres —1,2 serán casos graves— por cada 100.000 habitantes, con más prevalencia, lógicamente, en el grupo de población más vulnerable superior a los 64 años. Entre estos últimos casos, el 10 % podrá acabar en muerte. Con estos datos, le dejo el ejercicio de hacer cuentas y sacar conclusiones sobre el trato mediático que se le está brindando al nuevo coronavirus en detrimento de nuestra gripe de temporada. ¿Por qué?, ¿está justificada tanta alarma? ¿Vamos hacia la verdadera pandemia global?

Estas preguntas y otras muchas siguen bajo la lupa en la poyata de los laboratorios científicos. Evite información conspiranoica alejada de dicho rigor de la ciencia y, en muchos casos, con intenciones espurias —mucho está tardando en aparecer algún libro o guion peliculero sobre el tema. Se están haciendo bien las cosas, dada las circunstancias. Los sistemas de control y vigilancia epidemiológica —contando con la colaboración prácticamente desde el principio de las autoridades chinas— están aplicando los protocolos, ciertamente flexibles según los países, necesarios para tratar de contener la expansión del nuevo virus. El término «nuevo» está marcando la diferencia de trato con respecto a la gripe. Es el séptimo coronavirus que salta y se transmite entre humanos. Los dos últimos tuvieron una mayor virulencia demostrada; de ahí la preocupación por el SARS-CoV-2, cuya secuencia genética recuerda claramente al SARS del 2002. Por lo demás, los coronavirus catarrales no son ajenos a nuestras vidas cotidianas. Si usted tiene el consabido «trancazo», sepa que, además de un posible rinovirus, el que sea un coronavirus no es, ni mucho menos, descabellado.

La alarma está justificada desde la vigilancia epidemiológica y la ciencia. Hay que tratar de contener, por supuesto, la expansión del nuevo agente infeccioso, estudiar cómo se ha transmitido a humanos, qué diferencias guarda con los virus catarrales, hacia dónde tiende su virulencia a medida que se expande y se adapta a nuestra especie, qué capacidad tiene de transmisión entre personas y animales —mascotas, por ejemplo— y seguir probando y elaborando nuevos antivirales —contra la proteasa o polimerasa viral, anticuerpos monoclonales y otra batería de opciones— mientras se perfilan vacunas definitivas. La alarma epidemiológica y científica está justificada, ¿y la social? Bueno, el miedo es un sentimiento legítimo que se produce ante la sensación de peligro (real o no). Aquí, la información cruzada entre los organismos oficiales, gobiernos y, sobre todo, medios de comunicación y *fake news* que se hacen virales, han jugado un papel importante para que, en muchos casos, la alarma social cruce la fina, pero significativa, frontera de la histeria colectiva... Finalmente, ¿qué pasaría si el virus termina convirtiéndose en pandemia global? Pues tendríamos varios escenarios...

El más deseado, llegada la derrota de la humanidad contra el «bichito», será el de un nuevo patógeno, de temporada, estacional, análogo a una gripe, pero, quizás, incluso menos virulento —aunque, también quizás, superior al de un catarro común—. En un par de años ya no habría titulares, ni alarma, ni venta fraudulenta de mascarillas, ni acopio de víveres. No obstante, podríamos tener otros escenarios. Desde una pandemia global atemporal a un aumento de la virulencia del patógeno. Estas opciones, francamente, no son contempladas por el conocimiento científico en virología, epidemiología ni, concretamente, sobre la familia *Coronaviridae*.

En el momento de escribir el artículo estaba emergiendo ya algo más que una simple preocupación colectiva, con acopios desmesurados de comida —y papel higiénico—. Los medios, nacionales e internacionales, llamaban a la calma. Con más pena que gloria se canceló el Mobile World Congress de Barcelona. Obviamente, a la luz de los hechos posteriores, parte del contenido anteriormente referido resulta improcedente. ¿Quién dijo aquello de «Me he equivocado, lo siento, no volverá a ocurrir»? ¡Pues eso! A veces, los avances científicos pueden llegar a ser muy crueles con los que se aventuran con la comunicación social. En menos de dos semanas hemos contemplado en los medios de comunicación generalistas cómo médicos e investigadores pasaban de «Ojo con las vacunas, que pueden ser peligrosas y tener efectos muy severos e imprevisibles» a «No es de recibo que no nos vacunemos. Es fundamental alcanzar, cuanto antes, la deseada inmunidad de rebaño. Solo, entonces, empezaremos a salir del túnel». Pues eso, solo la pseudociencia parece ser inmutable, aunque, por desgracia, en el mejor de los casos solamente NO le hará ningún efecto.

No obstante, no querría dejar el tema sin hacerme eco de un reciente artículo —cuando escribo estas líneas en febrero del 2021—, publicado en la todopoderosa *Science*, donde un grupo de investigadores estadounidenses justifica la hipótesis, aceptada como estamos comentando en el mundo científico, de que el SARS-CoV-2, identificado inicialmente en Wuhan, China, dejará de ser tan letal para pasar a convertirse en un virus estacional en todo el planeta de índole catarral, algo así como un resfriado de temporada con un índice de mortalidad inferior al de la gripe común, por debajo del 0.1 %. La clave habría que buscarla en la evolución natural de muchos patógenos con una mayor adaptación a su hospedador —favoreciendo la expansión del virus y la supervivencia de su víctima— y una respuesta inmune fortalecida. La vacuna jugará un papel crucial. Al disminuir la virulencia en los infectados empezaremos a tener una vida que recuerde a nuestra normalidad prepandémica. Las infecciones se producirán preferentemente en los pequeños, asintomáticos en su mayoría, haciendo que la memoria inmunológica produzca una inmunidad de rebaño paralela a la vacunación. En un futuro, personas infectadas de pequeños, o vacunados, podrían reinfectarse, pero, según los datos de los que se disponen actualmente, dichas reinfecciones cursarán de forma benigna. El estudio fue coordinado desde las universidades de Emory y Penn State, EE. UU. Por supuesto, esta transición podría llevar desde un par de años hasta décadas, dependiendo del juego de guerra actual existente entre nuestra especie y este «no ser vivo». Y ya que mencionamos la naturaleza no viva del coronavirus, vamos a dar unas pinceladas de su maléfica pero magnífica naturaleza…

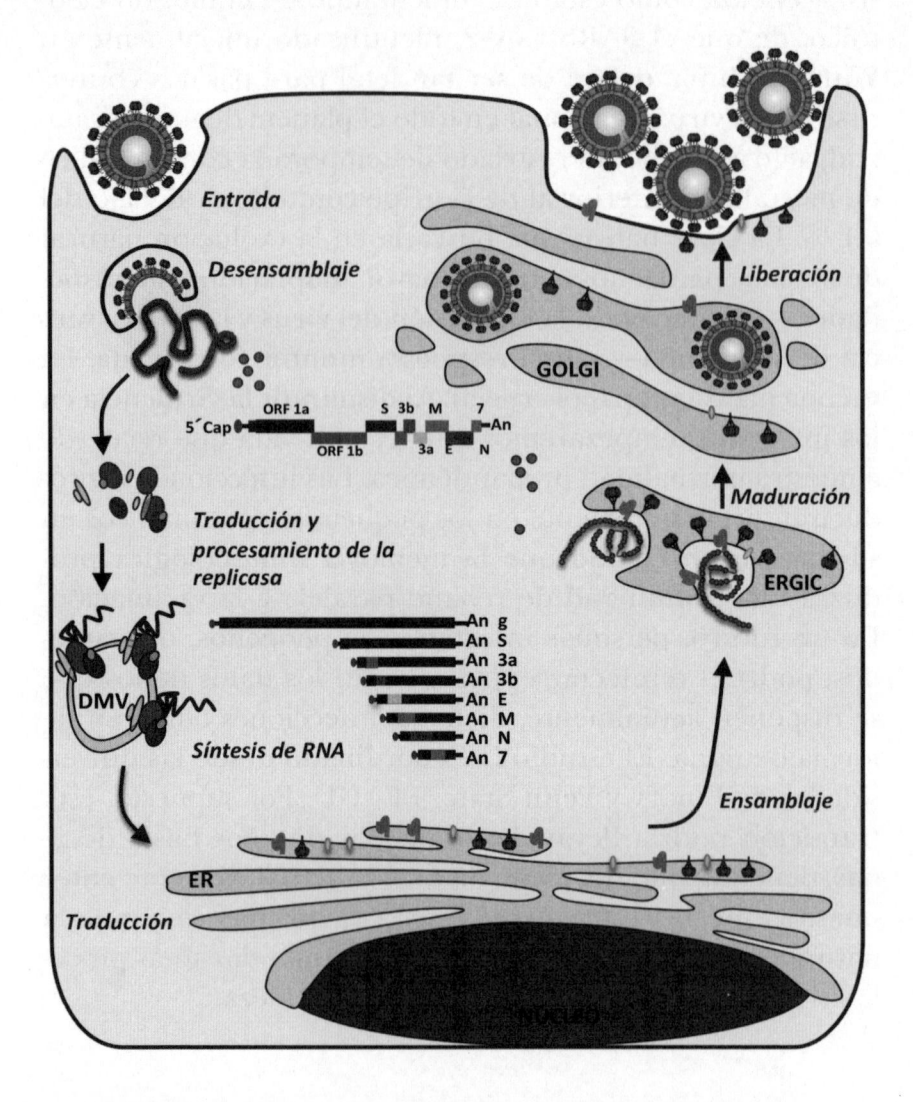

Esquema del ciclo viral de coronavirus. Se representa cada una de las etapas del ciclo viral, que tiene lugar en el citoplasma de la célula infectada. DMV, Vesículas de doble membrana; ER, retículo endoplásmico; ERGIC, compartimento intermedio. [Autores: Martina Bécares, Sonia Zúñiga, Luis Enjuanes, Laboratorio de Coronavirus CNB-CSIC]

Algo rápido e indoloro sobre los coronavirus

No se preocupe. No pienso soltarle una clase magistral —ni siquiera académica— sobre la familia *Coronaviridae* y sus «delicias» como patógenos. Verdaderamente, son muy curiosos. Tienen el genoma —ARN— más grande que se conoce en virología, y eso lo ha obligado a evolucionar en paralelo al resto de virus con su mismo material genético para no sucumbir por «ambicioso». Los virus mutan; mutan mucho. Máxime si tienen ARN como material genético. La base de la vida, como cantara Francis Crick en 1952 cuando, cogiendo sin permiso material de su compañera Rosalind Franklin, descifraron la estructura del ADN —dos cadenas antiparalelas en forma de hélice—, se asienta sobre cuatro moléculas, cuatro «ladrillos» conocidos como «nucleótidos», que se representan como cuatro letras: A, T, C y G. Combinaciones de estas cuatro letras de hasta 3.000.000.000 de veces —en humanos— conforman nuestros genes, el libro de instrucciones —más que libro, la megabiblioteca— que fabrican una bacteria, un hongo, una ameba, un cactus, una rana, un ratón o mi molesto vecino/a del 5.º —vecino ficticio, puesto que mi edificio solo tiene cuatro plantas—. Toda la vida descansa sobre estas cuatro letras, moléculas que se replican y replican de forma muy fidedigna... casi siempre. De vez en cuando, se produce algún fallo puntual; algún error que va originando cierta variabilidad en la población. Es la base de la evolución, para bien y para mal…

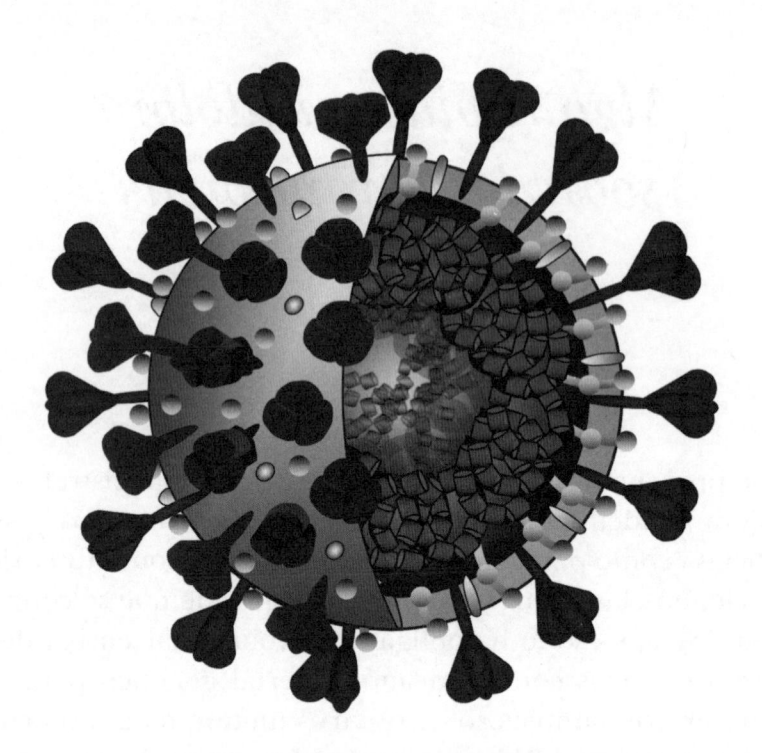

Esquema de la partícula viral. Se representa un virión de coronavirus, compuesto por una membrana lipídica, en la que se anclan las proteínas estructurales de la espícula, de la envuelta y de membrana. En el interior del virión se encuentra la nucleocápsida, formada por la proteína de la nucleocápsida unida al RNA genómico viral. [Autores: Carmen Galán, Luis Enjuanes, Laboratorio de Coronavirus CNB-CSIC]

Los virus, de entrada, no están considerados oficialmente como seres vivos. Les faltaría, dicen desde el Comité Internacional de Taxonomía de Virus, ICTV «in inglis» (https://talk.ictvonline.org/taxonomy/), un hervor, la capacidad de tener metabolismo, de sintetizar sus propios procesos de generación de energía, de ser autónomos. Eso a ellos,

los virus, les importa más bien poco. Se las apañan más que bien desde el principio de los tiempos, desde aquella sopa primigenia, o primordial, de hace más de 3800 millones de años. De hecho, los virus, a falta de una «molécula de la vida», tienen dos: existen virus que, como el resto de verdaderos seres vivos, utilizan el ADN y sus cuatro letras como material genético. Estos virus suelen replicar en el núcleo de la célula que infectan —hay excepciones, como todo en esta vida— y utilizan la maquinaria de replicación celular y sus mecanismos de corrección de errores. Son virus que mutan poco. De hecho, mutan más que los seres vivos, pero menos que el otro grupo de virus: los virus ARN. Este grupo de virus, muy, muy, muy extenso, utiliza una molécula para codificar sus instrucciones de fabricación distinta a nosotros —o a las bacterias—. El ARN se parece al ADN, aunque una de las letras, la T, se ha convertido en una U. Además, en términos generales, solo tienen una molécula como genoma. Eso sí, en el mundo de los virus, la virosfera, existen excepciones para todo: virus con ADN de dos cadenas, de una, lineal, circular; virus de ARN con una cadena, con dos, circular, lineal, segmentado... Al tratarse de una forma distinta a la de los seres vivos para almacenar sus genes, necesitan de una molécula distinta también para replicarlo; concretamente, una ARNpolimerasa-dependiente de ARN. Nosotros, como mucho, tenemos una ARNpolimerasa-dependiente de ADN. Aunque parece solo una diferencia insignificante, una sola letra, las consecuencias son dramáticas para el virus. Necesita llevar consigo su propia replicasa, su propia enzima para hacer copias de sí mismo. Eso tiene una parte buena para el bicho: puede replicar en el citoplasma de la célula, es menos dependiente de la maquinaria del núcleo celular y suele ser mucho más rápido replicando. Claro está, donde está la virtud... Evolutivamente, los virus han «sacrificado» estabilidad, seguridad y fidelidad de copia en aras de una mayor capacidad de producir más progenie. Dicho en román paladino, el virus muta mucho, mucho; hasta mil o diez mil veces más que los virus o seres vivos con ADN. Al

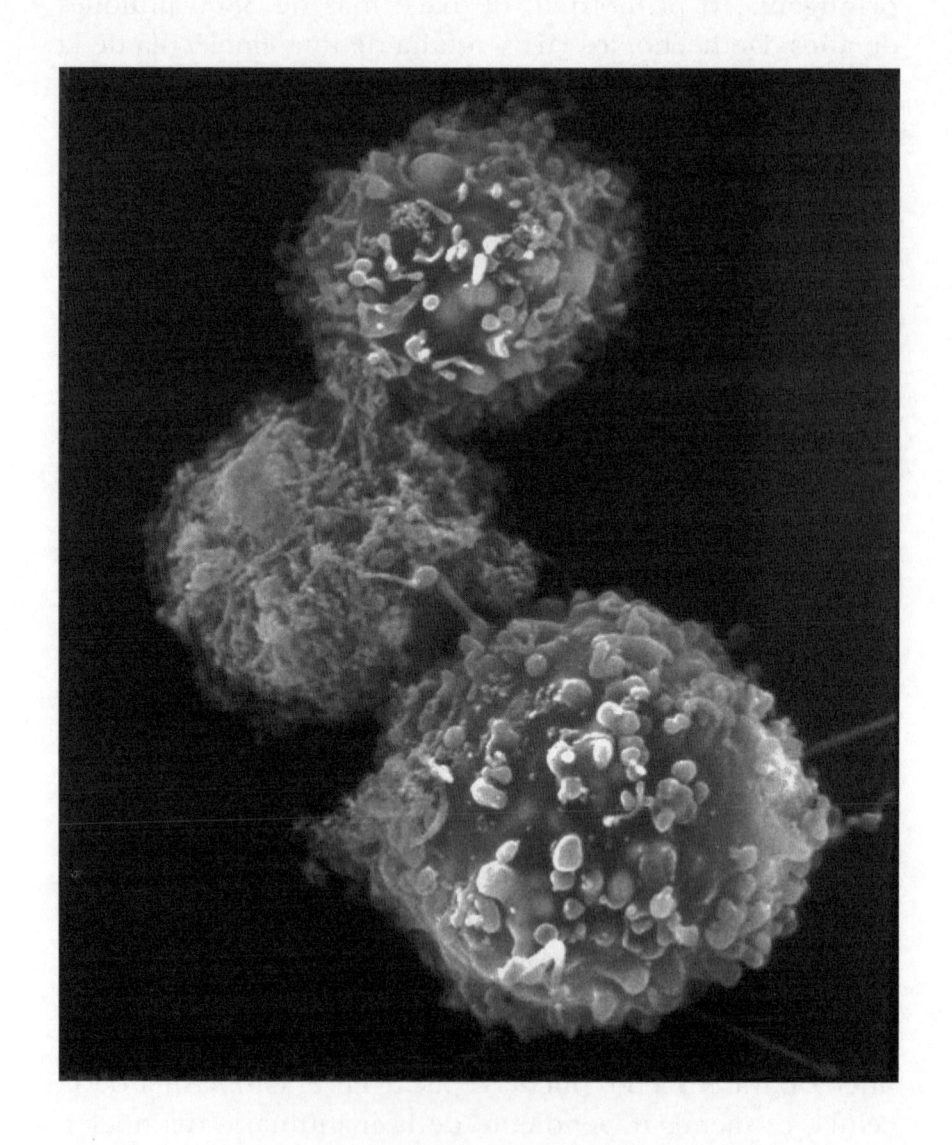

VIH (Virus del Sida). [Autor: Juan García Costa, Virología, CHUO. Orense]

final, muchos virus no son más que una pléyade de secuencias génicas en torno a una secuencia consenso, lo que se conoce como «cuasiespecie». Cada vez que un virus ARN produce una copia de sí, seguramente aparece algún nucleótido (alguna letra) cambiado. Muchos de estos cambios van en la buena dirección para su supervivencia y adaptabilidad —o para resistir nuestros intentos de combatirlos. Otras mutaciones serán letales para el virus y no prosperará. Cuanto más grande sea el genoma del virus, más mutaciones acumulará y, por ello, más difícil será que siga siendo viable. Se calcula que el máximo de letras —A, U, C y G— que un virus de ARN puede tener en su genoma y seguir siendo funcional por las mutaciones que se producen al replicarse estaría en torno a las 20.000. Los coronavirus… ¡tienen unas 30.000! ¿Cómo sobreviven y evolucionan? Pues, para nuestro pesar, muy inteligentemente —para no ser seres vivos—. Ha «fabricado» una enzima que corrige los fallos de replicación. Una exonucleasa de corrección de errores que actúa cuando un nucleótido incorrecto se incorpora. Es algo muy normal en el mundo de los vivos —o en el mundo de los virus de ADN que toman prestada la maquinaria nuclear de sus hospedadores—, pero no en el sórdido mundo de los virus ARN. Los coronavirus son, por ello, una maldita excepción a la regla. No obstante, no nos llevemos a engaño, ¡todos!, todos los virus mutan, evolucionan y se adaptan. A mayor o menor ritmo. Una lección, la mutación de los virus, de la que casi todos nos hemos hecho unos pequeños entendidos a lo largo del último año. ¿Qué es la familia *Coronaviridae*?

Hasta hace prácticamente un par de años, y ratificado en marzo del 2020, la taxonomía de la virosfera era una bendición para los profesores. Prácticamente la nomenclatura terminaba en el taxón de «familia»: *Herpesviridae, Picornaviridae, Coronaviridae*… También existían unas pocas familias que se agrupaban en un taxón superior, el de «orden»: *Mononegavirales, Nidovirales, Caudovirales*, más recientemente, *Picornavirales, Herpesvirales*… Pero, de repente —bueno, en ciencia, casi nada es «de repente»—, casi de un día para otro, todo se complicó —quiero creer que para bien—. Estoy exagerando un poco, pero esta es la impresión que me dio ver cómo desde la web de la ICTV se nos decía que la virosfera había alcanzado categoría de cualquier ser vivo, sin serlo, claro. La taxonomía se había disparado hasta el taxón de «dominio» («imperio» en algunos medios). Por debajo del mismo, se habla de «reino», «filo» y así, sucesivamente, hasta «especie». Por documentarlo con el caso que nos ocupa, el SARS-CoV-2 —y esperando que no queme este libro en este mismo punto por insufrible—, rápidamente decirle, en orden descendente, su taxonomía: dominio *Riboviria*, reino *Orthornavirae*, filo *Pisuviricota*, clase *Pisonivivicetes*, orden *Nidovirales*, suborden *Cornidovirineae*, familia *Coronaviridae*, subfamilia *Orthocoronavirinae*, género *Betacoronavirus*, subgénero *Sarbecovirus*, especie *Coronavirus relacionado con el síndrome respiratorio agudo y severo* (SARS-CoV), subespecie *Coronavirus 2 del síndrome respiratorio agudo y severo* (SARS-CoV-2). ¿Qué, cómo se le ha quedado el ánimo? Pues imagínese a los científicos y docentes que tienen que manejar miles de especies... La posesión o no de una proteína concreta, de una enzima, puede hacer que, al margen de tener o no el mismo tipo de genoma, dos especies de virus tan dispares como los herpesvirus —el virus de las calenturas, por ejemplo— y algunos bacteriófagos —virus que infectan bacterias— estén emparentados por el mismo dominio. Lo dicho, ¡una locura!

La familia *Coronaviridae* está compuesta por las subfamilias *Letovirinae*, que cuentan con el género *Alphaletovirus*, y *Orthocoronavirinae*, que cuenta con los géneros *Alpha, Beta, Gamma* y *Deltacoronavirus*. Como se ha señalado, el coronavirus que nos trae de cabeza estaría en el género *Betacoronavirus*. El origen de las pandemias de los coronavirus, especialmente los tres más virulentos —SARS-CoV-1, MERS-CoV y SARS-CoV-2—, hay que buscarlo en los animales; concretamente, en murciélagos —aunque incluso en este punto hay ciertas discusiones científicas—. Hablamos de zoonosis, la transferencia de patógenos desde animales a nuestra especie. Al parecer, una de cada seis especies de mamíferos es de murciélago, por lo que, simplemente por este hecho, además de otros posibles aspectos —un sistema inmune que le permite convivir en equilibrio con algunos patógenos, por ejemplo—, no sería de extrañar encontrar reservorios virales que, en ciertas circunstancias, como proximidad con poblaciones humanas, hacinamiento o tráfico ilegal, pudieran provocar brotes o emergencias zoonóticas.

Algunas de las afecciones que pueden provocar ciertas infecciones por coronavirus afectarían al sistema nervioso central, a los ojos, tracto respiratorio o tracto gastrointestinal, entre otros. Desde luego, los síntomas y patologías posinfección que se están documentando con el SARS-CoV-2 están sorprendiendo a científicos y sanitarios.

Tal y como se comentó anteriormente, el genoma de los coronavirus es de los más grandes conocidos para un virus de ARN. Estamos hablando de unos 30.000 nucleótidos —ribonucleótidos— que conforman un genoma conocido técnicamente como ssARN(+) o, en otras palabras, un genoma de ARN monocatenario —pocas especies de virus tienen ARN de dos cadenas, como los reovirus que incluyen algunos patógenos conocidos, tales como los rotavirus de nuestros pequeños o el virus de la lengua azul de nuestro ganado— y polaridad positiva. ¿Qué quiere decir eso de «polaridad positiva»? Como seguramente sabrá ya desde el cole, el famoso «dogma de la vida» dice que nuestros genes, que están escritos en lenguaje de ADN, pasan —se transcriben— a ARN para, posteriormente, fabricar —traducirse en— proteínas. Los virus pueden usar esta molécula más sencilla, de una sola cadena, el ARN, para almacenar su información genética. Si un virus tiene como genoma esta molécula, puede entrar en una célula y directamente traducirse, producir sus proteínas. A estos virus se les denomina «virus de ARN de polaridad positiva (+)». Sin embargo, otros virus de ARN tienen una secuencia que directamente no puede traducirse. Tiene un código complementario —algo así como inverso, como si fuera el negativo de una fotografía antigua— al mensajero que ha de traducirse. Estos virus, antes de producir sus proteínas, tienen que replicar y transcribir su genoma, con su propia polimerasa que llevan en la cápsula —cápsida— para producir la cadena positiva, operativa. A estos virus, lógicamente, se les denomina «virus de ARN de polaridad negativa». Pues bien, nuestro mal bicho coronaviral es un virus de una sola cadena de ARN de polaridad positiva o ssARN(+). Pido disculpas por esta definición tan *spanglish*. El término oficial, en inglés, sería ssRNA(+) (*Positive single stranded RNA virus*). Si quisiéramos traducirlo totalmente al español, debería ser algo así como csARN(+) («virus de ARN de cadena sencilla positiva»), pero no espere ver dicha definición en muchos medios...

Lógicamente, tanto el ciclo viral de estos virus, su replicación, la regulación de la expresión de sus genes como su genoma son muy complejos. En este punto querría destacar el papel mundial que está llevando a cabo el Grupo de Coronavirus del Centro Nacional de Biotecnología con el profesor Luis Enjuanes al frente. Cuando en 1983 me incorporé al Centro de Biología Molecular Severo Ochoa (CBMSO), Luis llevaba ya con su pequeño grupo trabajando en este campo unos cuantos años. Por su poyata han pasado coronavirus de cerdo, el famoso SARS de 2002, el MERS y, ahora, el SARS-CoV-2, desentrañando todos sus secretos moleculares y, de paso, elaborando una vacuna más que prometedora. No pretendo, ni puedo, describir el ciclo viral del virus de la COVID-19 en el presente libro; ya existen muchos tratados específicos al respecto. Simplemente mencionar que, para el tema que nos ocupa, para el paso del virus desde su reservorio animal a humanos, la famosa proteína S (*Spike* o espícula), la proteína —en realidad, glicoproteína— que está anclada en la envuelta lipídica del virus y que le proporciona ese aspecto de sol, de corona —de ahí el nombre de la familia—, ha sido fundamental. Se habla de que es la llave que abre la cerradura de la puerta de entrada en nuestras células. Bonito y gráfico símil. Es una «llave» muy específica y ha tenido que mutar, evolucionar lo suficiente para ser reconocido por el receptor celular. La cerradura conocida como ACE-2 —enzima Convertidora, o convertasa, de Angiotensina 2, en español—, una proteína importante en nuestras vidas, que está presente en muchos tejidos, como pulmones, arterias, intestino o riñón, entre otros, interviniendo en la regulación de la presión arterial. La interacción entre la proteína S y ACE-2 tiene que ser muy precisa. No admite ni todos ni cualquier cambio. Aunque el virus ha ido mutando para optimizar su entrada en la célula, la esperanza de las vacunas estriba, además de en el menor ritmo de mutación del virus, en la gran inmunogenicidad —capacidad de activar la respuesta inmune— de esta proteína de la espícula y en que no puede mutar indefinidamente si quiere seguir interactuando óptimamente con su receptor celular. No obstante, pequeños, o no tan pequeños, cambios en esta estructura molecular han hecho que el complejo S sea «atacado» por algunas proteasas —enzimas que cortan o degradan proteínas— en su propio beneficio, cambiando de configuración, cambiando su forma, para una óptima unión a ACE-2 y, en consecuencia, entrada en el interior celular, bien mediante la fusión entre la membrana lipídica del virus y la célula o a través de un proceso conocido como endocitosis —una invaginación de la membrana celular con el virus en su interior—. Este proceso no es que sea importante, ¡es crucial!, siendo, por lo tanto, donde se concentra el grueso de la investigación y de los esfuerzos en la generación de vacunas. En esta unión subyacería, por ejemplo, el tropismo del virus, el tipo de célula que infecta, la efectividad de dicha interacción y, por ejemplo, la diferencia con el virus SARS-1, de hace un par de décadas, en cuanto a su capacidad de infectar y diseminarse más efectivamente de forma asintomática. ¡Ahí es nada!

En el interior celular, el virus comenzaría con su ciclo programado de traducción, replicación, transcripción, más traducción, todo en el citoplasma, en lugares conocidos como «factorías virales». Al final del ciclo, que dura unas doce horas, el virus entrante se ha convertido en múltiples viriones: las proteínas se van transportando desde el retículo endoplásmico hasta el aparato de Golgi y desde allí, mientras se van ensamblando las piezas de este macabro lego entre proteínas y ácido nucleico, la progenie viral se transporta hasta la membrana celular donde se liberará por un mecanismo de exocitosis —como burbujitas que salen de la superficie celular—, robándole a la célula parte de su membrana lipídica para liberarse e infectar otras células víctimas. Por supuesto, además de la proteína S y del ARN, existen otros muchos componentes, proteínas estructurales y enzimas, como la polimerasa, la proteína pequeña de la envuelta (E), la de membrana/matriz (M) o la nucleoproteína (N). Lo dicho, todo un prodigio de la arquitectura biológica en poco más de 100 nanómetros de diámetro. Ahora, hechas las presentaciones oficialmente, vayamos a la mayor pandemia del siglo en sí...

Y llegó el 14 de marzo…

Tal y como reflejó el Real Decreto 463/2020, de 14 de marzo (BOE-A-2020-3692, número 67, páginas 25390-25400), aquel día cercano a la primavera se decretó el estado de alarma para la gestión de la situación de crisis sanitaria ocasionada por el COVID-19 —en realidad tendría que haber sido «por la COVID-19» o «por el virus de la COVID-19», por aquello de «Enfermedad del Coronavirus de 2019»—. Lógicamente, el Real Decreto está firmado por el rey Felipe VI a instancia de la vicepresidenta primera del Gobierno y ministra de la Presidencia, Relaciones con las Cortes y Memoria Democrática, Carmen Calvo Poyato. No voy a transcribir todo el decreto, pero sí, al menos, la justificación inicial. Estamos, desde luego, ante el «texto» del siglo:

> La Organización Mundial de la Salud elevó el pasado 11 de marzo de 2020 la situación de emergencia de salud pública ocasionada por el COVID-19 a pandemia internacional. La rapidez en la evolución de los hechos, a escala nacional e internacional, requiere la adopción de medidas inmediatas y eficaces para hacer frente a esta coyuntura. Las circunstancias extraordinarias que concurren constituyen, sin duda, una crisis sanitaria sin precedentes y de enorme magnitud tanto por el muy elevado número de ciudadanos afectados como por el extraordinario riesgo para sus derechos.

Madrid vacía el 1 de abril de 2020.

El artículo cuarto, apartado b), de la Ley Orgánica 4/1981, de 1 de junio, de los estados de alarma, excepción y sitio, habilita al Gobierno para, en el ejercicio de las facultades que le atribuye el artículo 116.2 de la Constitución, declarar el estado de alarma, en todo o parte del territorio nacional, cuando se produzcan crisis sanitarias que supongan alteraciones graves de la normalidad.

En este marco, las medidas previstas en la presente norma se encuadran en la acción decidida del Gobierno para proteger la salud y seguridad de los ciudadanos, contener la progresión de la enfermedad y reforzar el sistema de salud pública. Las medidas temporales de carácter extraordinario que ya se han adoptado por todos los niveles de gobierno deben ahora intensificarse sin demora para prevenir y contener el virus y mitigar el impacto sanitario, social y económico.

Para hacer frente a esta situación, grave y excepcional, es indispensable proceder a la declaración del estado de alarma.

Las medidas que se contienen en el presente real decreto son las imprescindibles para hacer frente a la situación, resultan proporcionadas a la extrema gravedad de la misma y no suponen la suspensión de ningún derecho fundamental, tal y como prevé el artículo 55 de la Constitución.

En su virtud, a propuesta de la Vicepresidenta Primera del Gobierno y Ministra de la Presidencia, Relaciones con las Cortes y Memoria Democrática, del Ministro de Sanidad, de la Ministra de Defensa, y de los Ministros del Interior, y de Transportes, Movilidad y Agenda Urbana, y previa deliberación del Consejo de Ministros en su reunión del día 14 de marzo de 2020,
DISPONGO:
Artículo 1. Declaración del estado de alarma...

El resto es historia.

Aquel sábado 14 de marzo, por la mañana, todavía tuve un par de entrevistas para dos medios de comunicación. Mientras paseaba por las calles de la Alameda de Osuna —barrio al noreste de Madrid— con un cámara y el reportero de una cadena televisiva privada durante aquella cálida mañana soleada preprimaveral, observaba los parques infantiles fantasmas —se habían cerrado un par de días antes, junto con los colegios y universidades—, paseantes con o sin perros —un anciano malhumorado agredió al periodista que cubría la noticia al señalarle, este último, un excremento canino que el buen señor, el dueño del *golden retriever*, se negaba a recoger— y viandantes principalmente sin mascarilla —seguía siendo válida la recomendación de NO llevarlas, a menos que se tuvieran síntomas—. En un supermercado tuve que volver a recordar la importancia de la distancia física —1.5 metros, más o menos— y la higiene de manos. Se me preguntaba ya si el virus podría transmitirse en los envases, en la fruta, en el pescado fresco contaminado... No había —y sigue sin haber— una respuesta clara y concisa al respecto. Un par de horas más tardes posaba en un parque cercano a mi domicilio, coyuntural, cual folclórico desaliñado ante un fotógrafo para un diario de tirada nacional. Aquellos reportajes, por razones obvias, quedaron desfasados aquella misma noche cuando, a las 20:59 horas, Pedro Sánchez, el presidente del Gobierno de España recién estrenado nos trasladaba, a través de prácticamente todas las cadenas de televisión y radio de nuestro país, con la pesada losa de «Se decreta el estado de alarma», a una nueva realidad; a un cambio de paradigma sin precedentes en la historia de España —al menos en época de paz— que afectaba a nuestros principios más básicos de trabajo, libertad de movimiento, ocio, cultura, deporte...

Salvo los trabajadores esenciales, nos encerramos en nuestras casas, impotentes, incrédulos. Algunos, incrédulos e insumisos, obviaban el real mandato y salían a la calle, disfrazados, burlones, a hacer deporte —yo, personalmente, aprendí mucho sobre *fitness indoor*. Aplaudíamos la actuación de las Fuerzas y Cuerpos de Seguridad del Estado cuando frustraban a estos «rebeldes» con o sin causa. Estábamos todos a una cuando, puntuales, a las ocho de la tarde —no tengo claro dónde y cómo comenzó este movimiento solidario—

aplaudíamos, con lágrimas y el *Resistiré* de fondo, a nuestros héroes y heroínas sanitarios con imágenes dantescas de hospitales colapsados y profesionales protegidos con bolsas de plástico. Poco, pero muy justo, me pareció el posterior reconocimiento conjunto del Premio Princesa de Asturias de la Concordia «por el esfuerzo de todos los estamentos que componen la sanidad española, y que se han dejado la piel en la lucha contra el coronavirus de la COVID-19».

Aprendimos mucho de puertas para adentro. Acabamos con el hidrogel y las pocas mascarillas de las farmacias —pronto nos dimos cuenta los científicos de que eran indispensables—; con la lejía y ¡con el papel higiénico! Bregamos con nuestros hijos y familiares en pisos y viviendas de toda índole. Empezaron a aparecer, dicen los expertos, algunos trastornos psicológicos propios de la excepcionalidad y singularidad de la súbita realidad: ansiedad, depresión, irritabilidad, fobias... Yo mismo, a mediados de abril, comencé a sentir malestar general, algún conato febril y molestias gástricas. Aunque no casaban con los síntomas oficiales de fiebre persistente, tos seca y dificultad para respirar o disnea, consideré, y actué en consecuencia aislándome en casa, que me había infectado por el coronavirus. Así lo notifiqué, durante más de un mes, en todos los programas de radio, televisión o prensa, nacionales o internacionales, en los que intervenía constantemente. Fui al centro médico más cercano a mi domicilio. Asumieron que era COVID. No conseguí que me hicieran PCR alguna, solo la recomendación de continuar aislado. Volví una semana más tarde, desesperado y francamente mal. Tampoco conseguí más que la recomendación, en el caso de tener dificultad para respirar —que no tenía—, de ir a un hospital de referencia para la pandemia a hacerme una placa torácica. Dos semanas después, consideré la propuesta y me presenté en urgencias del hospital más cercano. Tampoco conseguí una PCR; sí una placa de tórax que salió, como suponía, limpia. De vuelta a casa, ya sin aislamiento tras casi cinco semanas con síntomas. Una semana más tarde llamamos a una ambulancia.

En el hospital me hicieron analítica y exploración completas. Nada de PCR. Ya la imploraba; habría pagado lo que hubiera sido necesario. Me dijeron que imposible, que no se hacían muchas y tenía, lógicamente, preferencia el personal sanitario. De vuelta a casa... Un mes más tarde, principio de junio, sintiéndome completamente abatido, débil —perdí más de diez kilos en dos meses— y desesperado, volví a urgencias, en esta ocasión de mi hospital de confianza. Me ingresaron con la convicción de que podría no ser COVID, pero mi pérdida drástica de peso, mis sudores y escalofríos nocturnos, mi malestar general... requerían un estudio más profundo. Ahora sí, tras un TAC, ecografía, analítica exhaustiva y una gastroscopia, una semana después, con mi PCR negativo y el diagnóstico de gastritis crónica, duodenitis activa y, quizás, una ansiedad-estrés de caballo, volvía a casa, a mis alumnos, investigación y declaraciones *online*, con el convencimiento de que nos habríamos ahorrado sufrimiento y dinero público si el diagnóstico se hubiera realizado meses antes. No obstante, fui un afortunado. El MoMo —Sistema de Monitorización de la Mortalidad diaria—, que nos indica el exceso de fallecimientos de un periodo de tiempo en comparación con el mismo periodo de años anteriores, lo dejaba claro. El número de fallecidos durante el 2020 fue muy superior al que indicaban las cifras oficiales por PCR positivas. Se suspendieron muchas operaciones y tratamientos oncológicos —un sentido recuerdo a mi querida amiga Elisa—, se tuvieron que tomar decisiones salomónicas de a quién se trataba y a quién no se llegaba; muchos fallecieron en sus casas o llegaron tarde al hospital por temor a infectarse. Realmente, nuestros queridos sanitarios, todos y cada uno de ellos —como el resto de trabajadores que estuvieron activos en las calles, en el campo, en los supermercados, durante el largo confinamiento— se ganaron a pulso nuestro reconocimiento, nuestro respeto, nuestra admiración, nuestra deuda de vida. Sin embargo, el ser humano es capaz de lo más grandioso y lo más miserable... Aparte de la radicalización y polarización social «preconizada» desde las bancadas políticas que nos llevó a los aplausos de las ocho y las cacerolas de las nueve, algo que provocó el rechazo y condena más visceral de la mayor parte de la sociedad fueron aquellos energúmenos reacios a tener como vecinos a médicos/as o enfermeros/as por ser «potencialmente» infectocontagiosos. Casos tan miserables como aquel coche pintado con «rata infecciosa» fueron, afortunadamente, meramente marginales. 2020 fue, desde luego, una pesadilla apocalíptica colectiva que todos soñamos con dejar atrás. Sin embargo, 2021 no arrancó mucho mejor. Junto con la mayor pandemia recibimos a la mayor nevada del siglo y otras noticias alarmantes, como un Capitolio estadounidense asaltado por una turba de seguidores de Trump de lo más variopinta —a la historia pasará aquel cornudo—. ¿Alguna noticia positiva? ¡Pues claro! El programa de vacunación, del que volveremos a hablar, arrancaba a finales del 2020. Pfizer, Moderna, AstraZeneca y otras muchas empresas farmacéuticas forman ya parte de nuestro acervo cultural. La vacuna, otro hito del siglo —décadas de investigación condensadas en menos de 12 meses—, ya ha sido reconocida por la revista *Science* como el mayor logro del 2020. Seguramente caiga algún Nobel. Mientras tanto, la vida sigue, la pandemia sigue presente. No podemos bajar la guardia. Falta mucho para la normalidad que el destino tenga a bien ofrecernos. Vemos una luz en el túnel, es cierto, pero, mientras redacto este párrafo y sigo escuchando en los medios de comunicación la irresponsabilidad de algunos colectivos y de los mensajes políticos cruzados, no tengo claro si se trata de la salida o de la locomotora que se nos viene encima.

Una de las imágenes más representativas de la cuarentena fue el minuto de aplausos a los sanitarios que se hacía desde ventanas y balcones a nivel nacional.

Diario de una cuarentena

En 2014, en calidad de miembro de la Junta Directiva de la Sociedad Española de Virología, contactaron conmigo algunos periodistas preocupados por el amenazante virus del Ébola. No era para menos. Al menos en África estos filovirus pueden llegar a tener una letalidad de hasta el 80 %. Esta no es «la guerra» objeto del presente libro. Simplemente indicar que dos fallecidos, una infectada autóctona y un perro sacrificado después, la alarma terminó. La necesidad, al parecer, de construir un servicio de bioseguridad 4 —el máximo nivel conocido como P4— en un hospital, como se había anunciado, desapareció con el brote viral. Cinco años y medio después, volvían a requerir desde algunos programas de televisión y radio mi opinión sobre un supuesto nuevo patógeno transmitido desde los murciélagos —por venderlos como comida en los mercados sin control de Wuhan, se decía—. El flujo de noticias a medida que el ya conocido como nuevo coronavirus nCoV, al principio, SARS-CoV-2, finalmente, iba infectando a más y más chinos por la provincia de Hebei se volvió caótico, demencial, inquietante. Del «No tendremos más que un par de casos en nuestro país» de febrero, se pasó a aquel fatídico 14 de marzo por la noche donde, como en la canción de *Penélope* de Serrat, se nos paró de golpe nuestro «reloj infantil», si por infantil entendemos inocente; la inocencia de haber visto pasar por nuestra civilización diferentes pandemias sin que nadie pareciera darse cuenta. La pandemia llegó y, con ella, el segundo estado de alarma de la historia reciente de nuestro país —creo que el anterior tuvo que ver con la huelga de los controladores aéreos— y el primer confinamiento domiciliario desde que se tiene memoria —me imagino que durante la luctuosa guerra fratricida nacional algún que otro confinamiento habrá tenido lugar—.

Llevo colaborando con el magacín *El Cultural* desde hace más de una década. Además de otros artículos, todos los meses de diciembre tocaba —y sigue tocando— publicar la opinión de algunos científicos —entre los que humildemente me incluyo— sobre los hitos científicos de cada año, en paralelo a los que también hacía público la revista *Science*. Nada más comenzar nuestra cuarentena domiciliaria, Javier López Rejas, redactor jefe de *El Cultural*, se puso en contacto conmigo proponiéndome una pequeña colaboración semanal sobre cómo se iba desarrollando la investigación, la política, la cultura, la sociedad en torno al fatídico coronavirus. Semana a semana ponía de manifiesto lo poco que se sabía —con errores incluidos—, lo que se descubría día a día y, claro está, lo mucho que se seguía sin saber. Creo que, como archivo documental, puede resultar atractivo. Iré incluyendo alguna nota aclaratoria *in situ*.

17 DE MARZO DE 2020. DIARIO DE UNA CUARENTENA: BULOS, HITOS, MITOS, CHASCARRILLOS

¿Puedo bajar a mi hijo al parque? ¿Puedo dar un paseíto cerca de mi casa? ¿Puedo salir, al menos, a hacer algo de deporte? Como director del Grupo de Neurovirología de la UAM, miembro de la Junta Directiva de la Sociedad Española de Virología y divulgador científico, estas han sido, durante toda la semana, algunas de las preguntas más recurrentes que los oyentes, en radio, o espectadores, en programas de televisión, me han formulado. Ahora, desde esta mismísima mañana —15 de marzo del ya históricamente inolvidable 2020— con la declaración desde el Gobierno de alerta sanitaria nacional, preguntas como estas dejan de tener sentido. Al margen de consideraciones sobre virulencia vírica en infecciones a una persona puntual, estamos ante una emergencia sanitaria con el único objetivo de escalonar los picos de afluencia a los hospitales de personas con graves síntomas por el coronavirus, por el ya temido y familiar SARS-CoV-2, HCoV o, si lo prefiere, aunque no sería correcto, COVID-19.

Esta lucha por intentar escalonar los contagios y tratar de atender al mayor número de pacientes —no solo infectados por coronavirus, sino a cualquier paciente que lo requiera— se va a hacer, que no le quepa la menor duda, con un coste económico sin precedentes. La magnitud de la recesión seguramente todavía no está vislumbrada ni por los mejores economistas. Claro está que también podríamos hacer como, al parecer, ha propuesto algún país: dejar correr libremente al virus y pagar el coste humano —quizás cientos de miles de muertos entre la población más vulnerable— hasta alcanzar la denominada «inmunidad de rebaño»; eso sí, salvando, también quizás, la economía. ¡Elija modelo!

¿Tengo que usar guantes, mascarillas, desinfectantes a granel? ¿Me puedo infectar agarrándome a la barra del metro, del autobús, al carrito de la compra de los supermercados? —aquí, sinceramente, me preocupa más la proximidad de la multitud que se agolpa a la entrada de las tiendas como si no hubiera un mañana—. Estas son otras de las ciento de preguntas que llevo contestando en los últimos días. Efectivamente, un estudio obviamente reciente —el virus seguramente no existía hace cuatro meses— señala que el coronavirus puede subsistir en condiciones óptimas de temperatura, humedad y baja radiación solar, desde unas pocas horas hasta varios días en superficies lisas como metal, plástico o monedas. La higiene es fundamental, no tocarse la cara —algo que es complicado de llevar a la práctica— antes de lavarse bien las manos con agua y jabón puede salvarle de un contagio. Los guantes y mascarillas, si no está infectado, no es un profesional que trate con posibles enfermos o no está al cuidado de enfermos, no parecen ser necesarios —al menos no hay evidencias de ello—. Es más, los guantes podrían dar falsa sensación de seguridad y descuidar la primera norma de este párrafo: NO tocarse la cara con las manos —con guantes o sin ellos— posiblemente contaminados.[1]

Entrando rápidamente en un ámbito meramente científico, siguen sin conocerse aspectos esenciales como qué secuencia genética o proteica confiere al nuevo coronavirus su alta capacidad para transmitirse entre humanos o para tener la virulencia que presenta; virulencia claramente inferior a otros parientes filogenéticos como el virus SARS-CoV-1 (2002-2003) o MERS (desde 2012). No obstante, también son muchos los aspectos que se han demostrado, como, por ejemplo —y desbaratando el «chiringuito» que algunos querían montar con este bulo-*fake news*—, que el virus hubiera sido creado por perversas —o inconscientes— mentes. Las mutaciones necesarias para el salto y adaptación a humanos desde el murciélago de referencia eran imposibles de predecir *a priori*, es decir, solo se conocieron después de que empezáramos a secuenciar genomas de virus obtenidos de humanos infectados. No tendría sentido haber utilizado un virus de murciélago (RaTG13) alejado secuencialmente del virus de la COVID-19 cuando, por ejemplo, el del SARS habría tenido una secuencia mucho más próxima.

En cuanto a aspectos básicos del ciclo viral, además del famoso *Science* publicado hace ya varias semanas —una eternidad en la vorágine desenfrenada de la evolución de la pandemia—, se ha observado una secuencia proteica en el ligando viral —la espícula de la proteína S que se une a su receptor celular— con un sitio de corte proteolítico para las

---

1   Poco después, a finales de marzo y principios de abril quedaba demostrada la ya sospechada transmisión asintomática. La mascarilla, que no los guantes, pasaron a ser un elemento de protección primordial. Pasaron a valer, casi literalmente, «su peso en oro».

enzimas denominadas «furinas», proteínas que producen cortes específicos —también visto con el virus de la gripe— y que podrían preparar a la proteína viral S para su mejor reconocimiento y anclaje al receptor celular, su puerta de entrada, algo que, además, podría suponer un factor de virulencia para que el virus produzca daños más allá del sistema respiratorio, como en el hígado o intestino delgado. Tal afirmación se me antoja, no obstante, algo controvertida, puesto que otros coronavirus como el SARS-CoV-1 no tienen este sitio de corte proteolítico y, sin embargo, este primo lejano de 2002 tenía una mortalidad de hasta el 10 %, muy superior a su actual pariente. Otra cosa sería que esta nada sutil diferencia supusiera una mayor facilidad para la diseminación viral. El tiempo dirá. Otras incógnitas que actualmente están en la palestra —en realidad en la poyata— son cuestiones cruciales como la virulencia de las diferentes cepas, L y S, del coronavirus pandémico, el mecanismo último para la menor susceptibilidad o patogenicidad entre los más pequeños, la duración de la inmunidad tras la negativización —la desaparición del patógeno— de los infectados, o si el virus, finalmente, será, o no, estacional.

Finalmente, unas líneas sobre nuevos tratamientos y vacunas. Más de 30 proyectos están centrados en ganar la batalla de poner en el mercado medicamentos tanto preventivos como terapéuticos contra este virus de la COVID-19; algunos de ellos, con «marca España», como un posible tratamiento (Aplidina) contra algunos mielomas que también parece ser efectivo —a concentraciones menores de las oncológicas— contra, de momento, un coronavirus catarral —proyecto entre la empresa PharmaMar y el Centro Nacional de Biotecnología—. De hecho, desde este último centro nos llega la noticia sobre el desarrollo de dos posibles vacunas que podrían generar protección de «largo recorrido». Sea como fuere, el cumplimiento de las preceptivas fases clínicas hará que estos productos no estén con garantía en nuestros hospitales hasta, quizás, más allá de un año[2].

Las noticias, científicas, clínicas o sociales sobre esta gran pandemia del siglo XXI se suceden vertiginosamente. Seguramente, cuando lea estas líneas, horas después de haberlas escrito, ya serán pasado. Eso sí, lo que no parece cambiar, para mi tristeza e indignación, es la baja talla de algunos políticos que dicen representarnos mientras usan esta emergencia y alarma sanitaria para intentar arañar algún rédito electoral en vez de tratar de remar todos conjuntamente en la misma dirección. Triste. Muy triste.[3]

24 DE MARZO DE 2020. GUERRA MICROBIOLÓGICA, TEMPERATURA Y ADAPTACIÓN

Un picoteo tonto con los amigos en una terracita soleada; unas aceitunillas y taquitos de queso en plato único; compartir unas palomitas con tu pareja —de las de combo medio con refresco, que el exceso de sal te perjudica— durante el estreno de tu película favorita; abarrotar los centros comerciales en busca de cualquier ganga que los comerciantes anuncian con términos en inglés, que siempre suena más creíble, como justificación de nuevas «rebajas». ¿Le suena todo esto? ¿No le parece, como a mí, ecos de un pasado ya casi irreal? Listillos o caraduras que se piensan con más derechos que los demás aparte, este nuevo jinete apocalíptico llamado SARS-CoV-2 —COVID-19 en los medios— supondrá, a todas luces, un cambio de paradigma científico, sociocultural, ambiental y económico: coordinación y colaboración en

---

2   10 meses después de este artículo, la Aplidina sigue siendo una apuesta de futuro, de los 30 proyectos vacunales se pasaron a varios cientos y las dos vacunas españolas, aunque más cerca de ver la luz, todavía lejos de ser una realidad, a diferencia de la docena de medicamentos que ya están aprobados para su uso o en proceso de acreditación.

3   Y esto lo escribía ya a comienzos de esta locura… Mucho ha llovido, ¡y nevado!, desde entonces, pero las luchas y broncas sobre el barro de la política, lejos de cesar, se han recrudecido.

investigación internacional sin precedentes —si exceptuamos la lucha por la «pica de Flandes» vacunal entre EE. UU. y China—; valorar más nuestra libertad individual y sensación de colectividad; comprobar que el clima terrestre tiene todavía una oportunidad —un mes de confinamiento mundial parece bastar para hacer retroceder la polución de las grandes ciudades a épocas ya lejanas—; constatar lo frágil que es nuestro denominado «estado del bienestar», y la seguridad económica de los también denominados «países del primer mundo»... ¡Ah!, y por supuesto el reconocimiento a todos aquellos profesionales que con su esfuerzo están permitiendo llevar a cabo —con sus trancas y sus barrancas— la excepcionalidad social más grande tras la Segunda Guerra Mundial. En especial, a nuestros sanitarios, desbordados con escasos medios que no han dudado desde el principio en asumir un riesgo incierto para estar en primerísima línea de guerra microbiológica teniendo que tomar dramáticas y dolorosas decisiones, como a quién asisten con un simple respirador y a quién «posponen» a su suerte. Vaya para todos ellos mi admiración más profunda. Y en cuanto al virus, ¿qué hay de nuevo? Mucho, pero no lo suficiente.

Una cuestión vital que sigue sorprendiendo socialmente es el baile de mortalidad según países: cerca de un 3 % en China, 1 % en Corea del Sur, 8 % en Italia, 2 % en Francia, 4 % en España o el poco increíble 0.38 % en Alemania. ¿Las causas? Quizás muchas y variadas: el porcentaje diferencial de ancianos mayores de 80 años según países; la convivencia de los jóvenes —por su capacidad de movilidad los que más se infectan y menos síntomas tienen— con esta población envejecida, más vulnerable, y, sobre todo, la capacidad de detectar al virus en un mayor sector de la población, incluso con pocos o ningún síntoma —cerca de 200.000 análisis en Alemania frente a unos 30.000 en España, cuando escribo estas líneas—. Sea como fuere, a todas luces no parecen muy reales las tasas de mortalidad mayores del 2 %.[4]

Otra duda eterna que ya hemos comentado es la estacionalidad del virus, que no hay que confundir con la ausencia del mismo en latitudes más templadas. Experimentalmente, cada día que un coronavirus pasa a más de 35 °C pierde un orden de magnitud de titulación —su viabilidad—. El MERS, un coronavirus que sí se ha adaptado a climas muy cálidos, lo hace, no obstante, con muy baja transmisibilidad y dentro de camellos. La radiación ultravioleta también es letal para genomas de ARN como el que tienen los coronavirus —los genomas más grandes de ARN, por cierto—. Sin embargo, el virus se ha adaptado sorprendentemente rápido a nuestra especie —y no, no es un virus que mute especialmente rápido comparado con otros virus de ARN—; especie, la humana, totalmente susceptible y *naïve* inmunológicamente hablando que le permitirá al patógeno, seguramente con menor intensidad, mantenerse durante el verano —la gripe también lo hace—. La duda es si estamos condenados a un nuevo rebrote a partir del próximo otoño y, si lo hace, con qué intensidad —esperemos que no con la virulencia que lo hizo la gripe de 1918 durante el otoño siguiente a su primer embiste.[5] También preocupan mucho las vías de contagio: aerosoles, superficies contaminadas, ropa, transmisión directa, fluidos… Estudios llevados a cabo en hospitales en China en habitaciones con poca ventilación y con varios

---

4   En estos artículos y para simplificar, se utilizó el término de «mortalidad» como sinónimo de «letalidad», es decir, como el porcentaje de personas que morían tras infectarse; mejor dicho, tras ser detectada la infección, lo que prácticamente, al principio de la pandemia, dejaba fuera a los asintomáticos o a los que mostraban pocos síntomas, no informaban o no acudían al hospital ni se les realizaba una PCR.

5   Lógicamente, a estas alturas ya sabemos que no dos, sino tres —a día de hoy, enero de 2021— olas se han sucedido sin descanso en nuestro país —y en toda Europa—, volviendo a presionar la atención sanitaria, llenando las camas UCI —incluso en Inglaterra se habilitaron ambulancias como camas hospitalarias improvisadas—, provocando miles y miles de muertos cada semana. En EE. UU., por ejemplo, se hablaba del equivalente a varios 11-S ¡diarios!

pacientes infectocontagiosos demostraron la baja presencia de viriones —partículas virales— viables en el aire. No obstante, otros estudios demuestran que, en condiciones experimentales —que no tienen por qué ser las ambientales—, el coronavirus podría permanecer en pequeños aerosoles en suspensión varias horas sin que esto suponga una vía de contagio primordial. También hay estudios que le presuponen al virus una supervivencia de días en metal —excepto en cobre—, plásticos y superficies lisas, mientras que en cartón la supervivencia sería menor, y en ropa o superficies porosas prácticamente despreciable. Insisto, son datos de experimentación con humedad, temperatura y ventilación controlada, nada que ver con nuestro día a día. También se está estudiando la posible transmisión del patógeno por heces u otros fluidos sin resultados concluyentes. De momento, ante todo este aluvión de información, lo único que prevalece es la necesidad de asegurar una limpieza estricta de nuestras manos y de las superficies más comunes de nuestros hogares, como mesas o lavabos, pero también pomos de las puertas, móvil o el teclado del ordenador —con un pañuelito desechable impregnado en alcohol 70 %, valdría—.[6] Finalmente, en este breve capítulo desde mi cuarentena, quería mencionar otra polémica: los nuevos datos sobre la susceptibilidad de nuestros animales al SARS-CoV-2. En el mismo editorial de *Nature Medicine* donde se comenta el posible origen del virus, se advierte que el receptor que sirve de puerta de entrada al patógeno también está presente, al menos, en gatos, hurones y probablemente cerdos. Esto no quiere decir que sean susceptibles al virus —nosotros tenemos el receptor ACE-2

---

6   Lo que son las cosas, meses más tarde, aunque no ha desaparecido la posibilidad y la higiene sigue siendo vital, la transmisión del virus por fómites —superficies inertes— ha «caído en desgracia» en favor de la transmisión por pequeños aerosoles, eje actual principal de todos los modelos de dispersión viral. La mascarilla, buena ventilación, posibles purificadores de aire con filtros especiales o, incluso, medidores del CO2 ambiental y, claro está, la distancia física constituyen el mensaje machacón oficial en cuanto a protección personal o institucional contra el SARS-CoV-2.

en múltiples tejidos y no parece que todos sean utilizados por el virus de la COVID-19—. No se ha descrito, hasta el momento, la infección de mascotas desde sus amos, y ya llevamos más de 200.000 infecciones computadas. Eso no es óbice, y aquí lo dejaría, para que, si empieza mostrando síntomas, además de intentar aislarse lo más posible, se mantenga alejado de su querida «bola de pelo».[7]

31 DE MARZO DE 2020. CON SÍNTOMAS Y ALCANZANDO EL PICO

Sin tos ni disnea, con malestar general, algo de fiebre intermitente, náuseas y de vez en cuando algo parecido a un pequeño y molesto escozor en el pecho. Son síntomas difusos, compatibles con muchos patógenos, víricos o no, pero, en la vorágine de la actual pandemia, cuando llamas a tu centro de emergencias próximo, como he hecho yo, pasas a engrosar esa indeterminada lista de «posibles o compatibles» infectados con el nuevo coronavirus. A partir de ese momento entras en un proceso de seguimiento médico telefónico para evaluar la evolución de dichos síntomas. Quizás, y si tras varios días —o semanas— estos remitiesen, serás considerado como curado; pero ¿curado de qué? Seguramente no lo sabrás hasta la llegada a España de esos millones de test rápidos serológicos que el Gobierno está gestionando y que permitirán perfilar la radiografía real de la pandemia en nuestro territorio. Con esos test sí sabremos quién ha entrado en contacto con el virus —especialmente importante entre el personal sanitario—, quién ha podido ser un transmisor asintomático y, sobre todo, qué porcentaje de españoles podría estar ya protegido ante el virus —inmu-

---

7   Información claramente obsoleta y superada. No solamente se ha encontrado ya a este coronavirus en mascotas, tigres, primates, animales de granjas como los visones —incluso en algún visón salvaje—, sino que, además, pueden mutar y volver a pasar a humanos constituyendo un nuevo serio peligro; un peligro de pandemia dentro de la pandemia.

nidad de rebaño— y, ya puestos, qué mortalidad real tiene el SARS-CoV-2, vital para planificar la más que probable segunda oleada a partir del próximo otoño. El test serológico no tiene que ser confundido con otro test rápido encaminado a la detección de antígenos (proteínas) del virus —el mismo que originó la polémica sobre un lote defectuoso vendido por una empresa china—. Este último mide la presencia física, a tiempo real, del virus en las muestras analizadas; algo complementario, pero más rápido y barato, que las pruebas definitivas de RT-PCR.[8]

En cuanto a las últimas novedades, confirmar que la estabilidad del virus de la COVID-19 es muy superior a la de cualquier otro virus de ARN como genoma. ¿El culpable? Una enzima vírica que tiene actividad exonucleasa, es decir, que es capaz de corregir y rectificar cuando, durante la replicación del genoma viral, la polimerasa comete algún error y coloca un nucleótido —una pieza en el puzle genético— que no corresponde. La familia *Coronaviridae* engloba a los virus con genoma de ARN más grandes de la naturaleza, y esto, claro, requiere argucias especiales para que durante la replicación el virus no pierda viabilidad. Esta exonucleasa le confiere, sin duda, ventaja evolutiva al patógeno. No obstante, ya se han secuenciado cerca de 1500 genomas del SARS-CoV-2 y, claro está, se han caracterizado diferentes mutaciones.

---

8   Al principio de la pandemia, durante los primeros meses, la lucha por conseguir los mejores test de diagnóstico, serológicos y antigénicos, rápidos, efectivos, sensibles, fiables, trajo de cabeza a todos los países. En el nuestro, además y como no podía ser de otro modo, se utilizó, como absolutamente todo —muertos incluidos— como arma arrojadiza política. Por otra parte, también destacar cómo, a través de mi propio caso, se reflejó la falta de coordinación entre los centros de emergencia —seguramente por el caos general provocado por la excepcional situación sanitaria—. Durante cuatro meses, con síntomas difusos, diagnosticado sin pruebas como posible «paciente COVID», con llamadas varias al 112, a los centros de salud próximos a mi domicilio, con visitas a las urgencias hospitalarias, anunciando en todos los medios de comunicación que me entrevistaban que era un infectado más, no conseguí que se me realizara ninguna prueba diagnóstica contra el virus. Finalmente, como ya indiqué, cuando me ingresaron en un hospital resulté ser negativo a todo, infección activa y serología.

Nada fuera de lo normal. Sin duda, un enfermo recuperado acabará teniendo inmunidad contra el virus. La cuestión es ¿durante cuánto tiempo?[9] Otro artículo reciente aparecido

---

9   A día de hoy, las secuencias del SARS-CoV-2 hay que contarlas por ciento de miles. El SARS-CoV-2 muta, como todos los virus, pero lo hace en menor medida que otros virus con genomas más pequeños. La razón molecular es simple. Un virus puede mutar para adaptarse a su hospedador, pero no puede hacerlo «Con faldas y a lo loco», es decir, de cualquier manera y todo lo que quiera. Si muta demasiado en cada replicación, el resultado puede ser un virión (una partícula viral) inviable que no prosperará. Los virus de ARN que infectan a humanos más pequeños tienen poco más de 5000 nucleótidos, 5000 piezas. Cometiendo un error cada 10.000 nucleótidos, de media, raro será el genoma que porte una mutación, pero, multiplicado por miles de viriones producidos en cada célula infectada, al final se obtiene una pléyade, una nube de variantes en torno a una secuencia consenso. De esa nube de secuencias, muchas se perderán; otras, en cambio, prosperarán. Lo curioso es que, si a mí me infectara un solo virus y prosperara, al final tendría millones y millones de virus progenie con millones de variaciones en total, pero, y aquí está lo extraordinario, lo más probable es que, si definimos la secuencia consenso como aquella que tiene el nucleótido más repetido en cada posición de esa nube de secuencias —el nucleótido más popular en cada una de esas 5000 piezas, en el ejemplo anterior—, esta secuencia consenso sería la misma que la del primer virus que me infectó. Pues bien, según vamos subiendo en la escala de complicación genómica, a medida que el virus va siendo de mayor tamaño y complejidad, se pueden producir más mutaciones en cada replicación, en cada virus «hijo», por lo que peligra su viabilidad. Según las observaciones, el tamaño máximo que un virus de ARN puede tener y seguir siendo funcional es de unos 20.000 nucleótidos. Por encima de aquí, no hay especies víricas que soporten el ritmo de mutaciones de los virus con este tipo de material genético. ¿No hay especies víricas? ¡Pues sí! Los coronavirus tienen unos 30.000 nucleótidos —incluso más—. Hay un salto entre especies virales de ARN desde los 20.000 nucleótidos hasta los 30.000. ¿Qué ha ocurrido? Pues que los coronavirus, para no ser seres vivos, «saben latín». Han evolucionado para tener su propia correctora de errores, como tenemos nosotros en nuestros núcleos celulares para evitar que nuestro ADN esté mutando sin parar. La exonucleasa viral hace que, cuando se incorpora un nucleótido que no corresponde en esa posición, es apartado de «la fila por feo» y degradado, procediendo a incorporar la pieza correcta. No obstante, lógicamente como todo en la vida —y en la no vida—, nada es perfecto. A pesar de todo, por más que lo lamentemos, de vez en cuando sí se cuela un nucleótido erróneo y ahí está el lío; tenemos mutaciones, variantes, cepas, linajes variados que pueden, y lo hacen de maravilla, prosperar, evolucionar y adaptarse a su hospedador —nuestra especie en el caso que nos ocupa— hasta que, esperemos, llegan a un equilibrio «win to win», esto es, ventajoso para ambas partes, en el que el virus gana en transmisibilidad y nosotros..., bueno, nosotros ganamos en que sobrevivimos más y mejor a las sucesivas embestidas epidemiológicas.

en *Nature* vuelve la mirada hacia un tema que había quedado olvidado en el cajón de «pendientes»: el posible origen del coronavirus. Se sabe que la fuente primigenia fue, casi con total seguridad, un murciélago —quizás del género *Rhinolophus*—. A partir de aquí, todo es incertidumbre. ¿Un paso directo a humanos y evolución subsintomática? Poco probable. ¿Un animal intermedio que actuó como reservorio y factoría de mutación viral? ¿Cuál? Se habló del pangolín, muy querido en los mercados de animales chinos. No obstante, la diferencia genética entre los virus secuenciados del mamífero y los humanos no hacían muy verosímil esta hipótesis. Mientras tanto, como decía anteriormente, un nuevo artículo publicado desde el Instituto de Virología de la Universidad de Hong-Kong identifica secuencias cercanas al SARS-CoV-2 en pangolines malayos incautado en operaciones contra el contrabando en el sur de China. Algunas de esas secuencias genéticas muestran, y esto es alarmante, fuertes similitudes con el denominado «dominio de unión al receptor», esto es, la «llave» del virus que abre la «cerradura» para entrar en la célula. No obstante, los propios autores del artículo concluyen que no parece muy probable que estos animales hayan sido los reservorios desde los que saltó el coronavirus a nuestra especie, aunque, y de aquí lo de «alarmante», este descubrimiento significaría que varios animales salvajes siguen «macerando» posibles combinaciones de futuros nuevos virus pandémicos.[10]

Otro asunto sobre el que ya me pronuncié y que ha vuelto a saltar a los medios de comunicación recientemente tras una publicación que mostraba la presencia del receptor para

---

10 A día de hoy, finales de enero del 2021, una misión internacional auspiciada por la OMS y varios países ha iniciado una misión *in situ*, en Wuhan, para tratar de encontrar al paciente —o pacientes— cero y, mejor todavía, al animal reservorio intermedio entre el murciélago y el hombre. Es una misión muy importante, si tuviera éxito —habrá que aprovechar que ahora, con un nuevo inquilino más propenso al método científico en la Casa Blanca, el proyecto parece estar más apoyado—, puesto que sin conocer de dónde nos vino el hachazo vírico seguiremos estando en peligro de que la historia se repita.

el SARS-CoV-2 en hurones, gatos y cerdos, es la posible transmisión viral de humanos a mascotas o a la inversa. La realidad parecía confirmar la baja probabilidad de este tipo de transferencia, pero, si algo demuestra la realidad es que no siempre se guía por las probabilidades. Hace unos días saltaba a la prensa la detección del coronavirus humano en un gato belga. Lo lógico es pensar que ha sido contagiado a partir de sus dueños. También se han descrito en Hong Kong varios perros infectados. Eso sí, los científicos siguen afirmando que la infección de un humano desde o por su mascota es algo más que remota, aunque no nula.[11]

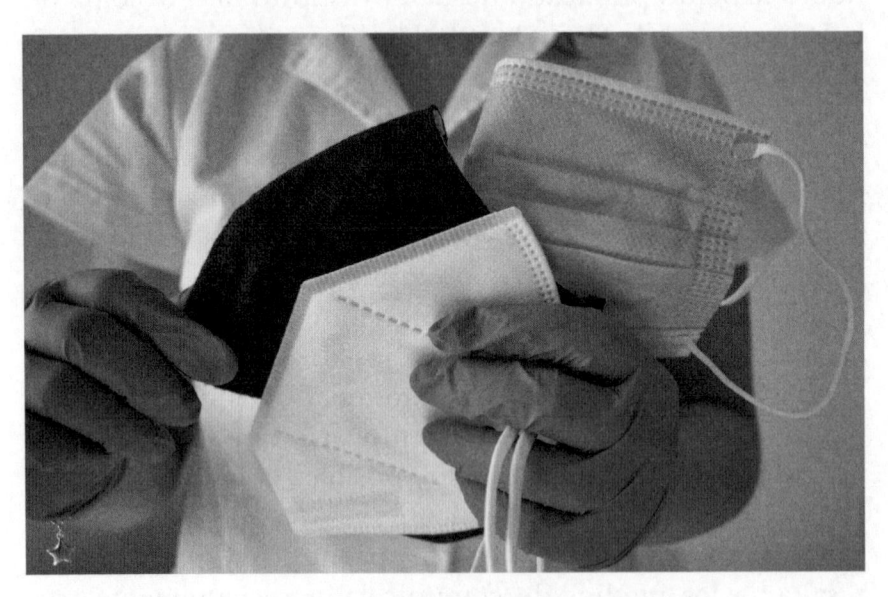

Tipos de mascarillas.

---

11   En la actualidad, incluso en España, se está detectando SARS-CoV-2 en granjas de visones. El resultado es acabar con toda la cabaña de estos mustélidos, miles y miles, puesto que, al parecer, se favorece la mutación del virus y aparición de nuevas variantes que vuelven a infectar a nuestra especie, incluso con la posibilidad de una mayor transmisibilidad o resistencia a las vacunas. Incluso ya han sido detectados visones, en los «States» salvajes e infectados. ¿Habrá sido un visón el famoso animal X, intermedio, reservorio? «Chi lo sa!».

Finalmente, una de las dudas para las que todavía no hay una respuesta clara es por qué patologías cardiacas, hipertensión o diabetes parecen ser factores de riesgo de virulencia superiores, incluso, a posibles problemas respiratorios. Sobre las causas que llevan a muchas personas mayores a desarrollar neumonías bilaterales severas y, en última instancia, edema pulmonar y muerte, la inmunología, más que la virología, tiene mucho que aportar. Un artículo publicado en *Virologica Sinica* desde el Instituto de Virología de Wuhan deja claro que es la respuesta inflamatoria la responsable —tanto la primaria, provocada por la propia infección, como la secundaria, tras la producción de anticuerpos específicos—, con los macrófagos como protagonistas en la infiltración y activación de células inmunocompetentes responsables de producir un gran número de moléculas proinflamatorias —algo conocido como «tormenta de citoquinas»— que conduciría a la permeabilización vascular y, finalmente, al temido edema. A veces, nuestro sistema inmunológico pierde el rumbo regulatorio y se pasa de frenada, o de celo.[12]

6 DE ABRIL DE 2020. MASCARILLA MÁS QUE NUNCA

Llevo, se supone, nueve días con síntomas de la COVID-19. Digo «se supone» puesto que, al parecer, hoy día, todo lo que no sea un esguince o accidente doméstico podría entrar den-

---

12   Hace ya muchos meses que la COVID-19 dejó de ser una enfermedad respiratoria, con fiebre, tos, dificultad para respirar y, en el peor de los casos, neumonía bilateral, para pasar a ser un síndrome sistémico, es decir, que afecta, o puede hacerlo, a todo el cuerpo, incluso meses después de haber eliminado al virus según la PCR —recordar que, en el contexto de este libro, PCR y RT-PCR son sinónimos—. RT significa que, para amplificar la secuencia del virus de ARN, antes hay que pasarla a ADN mediante una enzima, que proviene de otro virus (retrovirus) que se llama retrotranscriptasa. Un artículo muy didáctico publicado en *Science* describe cómo este virus tan sádico puede afectarnos, literalmente, desde el dedo gordo del pie, provocando problemas circulatorios que se manifiestan como algo parecido a los sabañones, hasta el cerebro, supuestamente generando secuelas cognitivas que en la actualidad están siendo analizadas.

tro de esa nebulosa de «posible caso COVID». No me han hecho ninguna prueba y, si todo termina felizmente, seguramente solo accederé, en su momento, a la comprobación serológica de haber entrado en contacto con el virus. Llevo, por otra parte, 48 horas sin fiebre, pero de momento no las tengo todas conmigo. Según algunos casos clínicos, hacia los 7-9 días desde que se tienen síntomas, cuando se empieza a producir la denominada «seroconversión», es decir, la aparición de anticuerpos específicos contra el patógeno, podría aparecer una terrible complicación: la respuesta inmune se desregula hacia una activación inapropiada de los macrófagos pulmonares, técnicamente denominados como M1, que conducen a un estado proinflamatorio que puede agravar, y mucho, el pronóstico. Por ello, en algunos casos, tras una inicial mejoría que conlleva un optimismo legítimo, se produce una recaída que, bueno, no me anima a considerarme aún como inmunoprotegido, inmunizado o curado. Veremos en un próximo informe.

En otro orden de novedades, tres son los frentes que les traigo: la situación de España en cuanto al número real de casos y lo que ello significaría para una pronta salida, o no, de la crisis; la interpretación científica, clínica y social de un reciente artículo que marca la diferencia en cuanto a la capacidad de dispersión viral entre el SARS-CoV de 2003 y el SARS-CoV-2 de la COVID-19, y, finalmente, lo que esto supondría para la recomendación de la Organización Mundial de la Salud sobre el uso de las mascarillas protectoras. ¡Empecemos![13]

---

13 Si algo ha generado socialmente esta triste pandemia es la aparición de muchos profetas… del pasado. Desde luego, es muy fácil hacer predicciones de lo que va a suceder atrás en el tiempo. Así, bote pronto, puestos a «jugar», yo predigo que el 1 de septiembre de 1939, en la frontera polaca, un señor bajito, anodino, con bigote a lo Charlot ¡la va a armar muy gorda! Desde mediados del 2020, en muchos programas en los que participaba como tertuliano tenía que discutir con compañeros, con base científica o sin ella, sobre las medidas que se tomaron o, mejor dicho, no se tomaron a principios de marzo y que agravaron la evolución de la pandemia. Entre ellas, se hablaba de habernos tenido que confinar ya a

A comienzos de abril (2020), unos resultados publicados por científicos del Imperial College de Londres, utilizando algoritmos matemáticos que tenían en cuenta el número de ingresados en las UCI, el de fallecidos y, sobre todo, la velocidad de expansión y aparición de nuevos casos, llegó a la conclusión de que el 15 % de los españoles, unos 7 millones, asintomáticos casi todos, estaban infectados por el SARS-CoV-2 y, lo que era más importante, podían transmitir al virus. Llevo comentando desde el principio de la pandemia que las cifras de infectados aportadas por el Centro de Coordinación de Alertas y Emergencias Sanitarias no eran creíbles —como tampoco lo eran en Italia—. Al amplio número de enfermos con síntomas leves, entre los que podría incluirme, a los que no se les ha hecho ningún tipo de test —ni genético, ni antigénico, ni serológico— y, por lo tanto, no se han contabilizado como infectados, hay que sumar los cientos de miles —los ingleses dicen que millones— de portadores asintomáticos. Eso sí, el estudio del Imperial College también dice que se han podido evitar unas 16.000 muertes con el confinamiento. Curiosamente, España tendría significativamente un porcentaje mayor de la población infectada en comparación con Alemania (menos del 1 %), Francia (3 %) o, incluso, y esto es sorprendente, Italia (cerca del 10 %). ¿Qué connotaciones tienen estos datos, de ser ciertos? Muchas, inmediatas y, sobre todo, buenas. Con ese porcentaje, el índice de muertes sobre infecciones, es decir, la verdadera tasa de letalidad del virus, estaría en torno al 0.2 %, a la altura de la de la gripe, como se dijo al principio —no hay que confundir este valor con el índice de muertes entre los enfermos, que es el valor que se ofrece en los medios—. Además, si

---

principios de marzo, cuando ningún país de nuestro alrededor lo pensaba siquiera, o, incluso, de que tendríamos que haber usado obligatoriamente mascarillas ya casi desde febrero. Como digo, es fácil acertar —puesto que son recomendaciones acertadas— a toro pasado. La verdad es que hasta que no se constató la transmisión del virus entre portadores asintomáticos no nos dimos cuenta de la magnitud de la tragedia, como se describe a continuación…

ya un 15 % de la población estuviera infectada, alcanzar la deseada inmunidad natural de rebaño para que el virus deje de transmitirse libremente estaría mucho más cerca en nuestro país que en el resto del mundo. Compartiendo opinión con mi excompañero del Centro Nacional de Biotecnología, Javier Yanes, ¡podríamos ser los primeros en abandonar esta horrible pesadilla pandémica![14]

Una explicación que justificaría lo que se acaba de comentar nos llegó el pasado 1 de abril (2020) en un *Nature* publicado en Alemania sobre un estudio llevado a cabo con nueve de los primeros infectados, todos ellos con síntomas leves o moderados. Al parecer, el SARS-CoV-2 se nos ha manifestado como un perfecto estratega de la guerra. Al contrario que su pariente SARS-CoV-1, más virulento, pero menos transmisible, el nuevo coronavirus es capaz de reproducirse en pacientes incluso con síntomas leves con alta eficiencia en las vías respiratorias superiores, produciendo cientos, si no miles, de millones de viriones infectivos por mililitro de saliva durante, al menos, una semana y hasta varios días después de la seroconversión. Esto, claro está, facilita la transmisión subsintomática entre la población mucho antes de la aparición de los casos más graves. ¿Alguna buena noticia de dicho estudio? ¡Sí! Al parecer, la presencia de virus recuperable en heces, orina o sangre de los pacientes era, si acaso, testimonial.[15]

---

14   Varios estudios serológicos más tarde nos volvían a la realidad cabezona de que nos queda pandemia para rato —a no ser que la vacunación lo remedie—. La proporción de la población española, de media, que ya ha pasado la infección se cifraba en un 10 % —en noviembre del 2020—. Algunas ciudades más castigadas, como Madrid, seguramente doblaban esa cifra. Con la aceleración de la segunda y tercera ola de forma salvaje, habrá que esperar a un nuevo estudio de seroprevalencia —entre decenas de miles de españoles a los que se les extrae sangre para comprobar la presencia de anticuerpos— para ver el nuevo estado de inmunidad nacional, aunque, lógicamente, el programa de vacunación trastocará todas estas cifras. Una vez que alcancemos un porcentaje de vacunados cercano al 70 %, el número de infectados hasta ese momento, quizás, empiece a ser secundario... o no.

15   Esto me lleva a algo que se está utilizando mucho en los medios pero que,

Finalmente, y como consecuencia lógica de los dos últimos párrafos, estaría el asunto de las mascarillas. ¿Mascarillas sí o mascarillas no? Al respecto, debo confesar que la ciencia —que al contrario de la pseudociencia es dinámica, verificable y, llegado el caso, falsable— aconseja un cambio de criterio con respecto a los primeros informes de la OMS, los cuales sugerían el uso de la mascarilla en el personal sanitario y pacientes infectados con el fin, estos últimos, de evitar el contagio a terceros. Ahora —mientras escribo estas líneas (el 6 de abril del 2020), creo que el Gobierno lo va a hacer público—, las recomendaciones han dado un giro de 180º para aconsejar —o exigir— el uso de la mascarilla fuera del hogar para todo el mundo. Otra cosa es que haya material a disposición de todo hijo de vecino. Quiero terminar con una reflexión: ¿realmente se ha producido un cambio de criterio gubernamental? Creo que no. El concepto sigue siendo el mismo: llevar mascarilla si estás infectado para evitar propagar el virus. Lo que ha cambiado es el paradigma y las evidencias científicas. Por ejemplo, usted, lector sin síntomas, ¿puede asegurar no estar infectado y, por lo tanto, no ser un peligro de transmisión del virus entre sus vecinos cuando salga a la calle? ¡Pues eso!

---

quizás, no se entienda del todo. El rastreo de aguas fecales permite saber si un brote va a aparecer en un lugar determinado hasta varias semanas antes. Nosotros excretamos en nuestras heces muchas cosas —no me haga entrar en detalles—. Si estuviéramos infectados por coronavirus, también expulsaríamos fragmentos del virus —no tiene por qué ser virus entero, infeccioso—. Estos fragmentos pueden ser detectados por PCR. Empezamos a expulsar restos virales incluso antes de comenzar con los posibles síntomas. Por ello, si esta posibilidad se multiplica por miles de personas, podemos detectar en los colectores de aguas residuales gran cantidad de secuencias víricas y predecir con muchos días de antelación que los casos de afectados van a subir; un nuevo brote. Esto permitiría, con organización y medios, someter a esa población a un cribado de test para detectar el mayor número posible de asintomáticos —o presintomáticos— y aislarlos preparando, asimismo, a los centros sanitarios para dicho brote. A día de hoy, el análisis sistemático de aguas residuales sigue siendo, junto con la contratación de un ejército de rastreadores o la inversión en sanidad primaria, asignaturas pendientes.

14 DE ABRIL DE 2020. VUELTA AL TRABAJO, ¿NECESARIO O ARRIESGADO?

No lo voy a negar. Tengo ya casi más curiosidad científica que necesidad vital por conocer mi estado inmunológico frente al posible SARS-CoV-2. Más de dos semanas después de los primeros síntomas leves —que afortunadamente no parecen haber evolucionado inadecuadamente— de algo compatible con el coronavirus, ya sin síntomas, sigo sin saber dos aspectos vitales para poder volver al seno familiar y abandonar este confinamiento voluntario dentro del confinamiento nacional impuesto por el estado de alerta sanitaria: ¿he tenido la COVID-19? En caso afirmativo, ¿sigo siendo portador? Y, finalmente, ¿soy seroconverso, es decir, he generado anticuerpos potencialmente protectores contra el virus? Cada uno de estos aspectos habría que abordarlos con pruebas distintas, pruebas que el Gobierno tendrá que implementar en todo el territorio nacional si queremos realmente tener la radiografía del estado de la cuestión de la pandemia en España. A mis primeras preguntas, sobre si he tenido el virus y sigo siendo portador, las respuestas las encontramos en las pruebas genéticas de RT-PCR —lentas pero precisas—, y antigénicas, que comprueban la presencia de proteínas del virus y son rápidas, pero menos fiables: eres o no eres infectocontagioso. Ambas pruebas se realizan sobre exudados naso u orofaríngeos. En cuanto a las pruebas serológicas a través de una muestra de sangre destinadas a saber si ya has entrado en contacto con el virus, si tienes anticuerpos contra él y, plausiblemente, estás inmunizado, el Ministerio de Sanidad, a día de hoy (12 de abril 2020), sigue sin aclarar cómo, a quién y cuándo van a iniciar sus denominados «sondeos»; algo que se me antoja vital para las medidas de «desescalonamiento» del confinamiento.[16]

---

16   Finalmente, se llevaron a cabo varios sondeos serológicos mediante pruebas de análisis de sangre ELISA —acrónimo, en inglés, de «ensayo de inmunoabsorción ligado a enzima»—, en varias oleadas y con varias

Llegados a este punto, quiero presentar una anécdota que puede que le aclare —o le confunda aún más— sobre los posibles escenarios de interacción con el SARS-CoV-2. Tengo una amiga, personal sanitario, con anosmia desde hace 15 días, que decidió salir de dudas y acudir a una de las empresas privadas que, por un módico precio que ronda los 200 euros, le realizó un análisis RT-PCR y serología. Cinco días más tarde, los resultados fueron sorprendentes. Positivo para coronavirus —sin indicar cuántas unidades genómicas, algo parecido a cuánta carga viral, había en la muestra—, negativo para anticuerpos IgM, pero altamente positivo para IgG. ¿Buenas o malas noticias? ¡Depende! Los datos señalaban que, en el momento de la prueba, ya con diez días con ligeros síntomas, mi amiga seguía siendo potencialmente infectocontagiosa —y digo «potencialmente», puesto que sin saber el dato cuantitativo de la PCR no se podría asegurar—, pero había dejado atrás la respuesta inmune primaria, la primera que se genera y que se caracteriza por la producción de anticuerpos del tipo IgM, presentando una clara respuesta, más efectiva, secundaria con la producción de inmunoglobulinas IgG. Seguramente, mi amiga sea resistente a una nueva infección, pero, entonces, ¿cómo explicar el dato de la PCR positiva junto con la alta producción de IgG? Malamente, pero no es extraño. A partir de los 7-10 días de la infección —no de los síntomas—, la respuesta inmune específica empieza a hacer acto de presencia con la generación de anticuerpos. Al principio, IgM, poco después, IgG —los que producirán memoria inmunológica, aunque sin

---

decenas de miles de familias españolas. Cuando artículos del Imperial College de Londres ya nos daban hasta un 15 % de seroprevalencia, la realidad fue distinta; menos de un 10 % de la población española pasó, al parecer, por la infección, incluyendo a asintomáticos y presintomáticos. Con el segundo ensayo nacional, hacia noviembre del 2020, la situación no fue muy distinta, elevándose el porcentaje algo más de ese 10 %. Eso sí, estudios en algunas localizaciones específicas de Madrid como Torrejón de Ardoz arrojaron cifras de hasta un 20 % de seroprevalencia. Estoy casi seguro de que, a día de hoy, la media total de esta comunidad podría duplicar ampliamente la media nacional.

saber todavía durante cuánto tiempo—. Con la presencia de estas moléculas inmunoprotectoras, la carga viral empieza a descender, pero la horquilla hasta que la detección de viriones —partículas virales— deja de producirse puede ir desde una a varias semanas. No sé qué carga viral tenía mi amiga cuando se hizo la doble prueba, pero, seguramente, si se volviera a repetir la RT-PCR, hoy daría negativa. Mi amiga se habría convertido, a todas luces, en una «ovejita» más en el rebaño de los inmunoprotegidos.[17]

Pasemos ahora a analizar este concepto de «inmunorebaño» y de horquilla donde podemos generar anticuerpos, pero seguir siendo potenciales transmisores del coronavirus, de cara a la vuelta al trabajo que el Gobierno les ha pro-

---

17   Una vez definido el tipo de anticuerpo que vamos produciendo tras una infección —quizás solo señalar que, en las mucosas, en la de las vías respiratorias, por ejemplo, la inmunoglobulina más específica, el anticuerpo más presente y protector, deja de llamarse IgG para denominarse IgA, por lo que muchos análisis ELISA ya la incluyen en sus resultados. Por otra parte, detengámonos un par de líneas para definir términos que ya tenemos en nuestro acervo cultural, pero que, quizás, no sepamos definir; la PCR. Una PCR —acrónimo, en inglés, de «reacción en cadena de la polimerasa»— fue inventada por Kary Mullis, un excéntrico bioquímico, Premio Nobel de Química en 1993 —justamente el mismo año que se estrenaba *Parque Jurásico*, basada en dicha técnica—, quien falleció recientemente en 2019. Consiste en copiar una cadena de ADN —un fragmento de la misma—, como si reprodujéramos una frase de un libro sabiendo en qué palabra queremos empezar a copiar y dónde terminar. De una copia pasamos a dos, de dos a cuatro... ¡Tómese la molestia de reproducir el proceso 20 ciclos! Un pequeño problema lo constituye el hecho de que muchos virus, como el SARS-CoV-2, no tienen ADN como material genético, sino ARN, una cadena más pequeña, simple y con una pieza con la sigla U que no tiene el ADN —en lugar de U, tendría T, como ya se indicó—. ¿Cómo solucionamos este escollo? Magistralmente mediante el uso de una enzima que, ¡oh casualidad!, nos proporciona otro virus de la misma familia que el maldito VIH. Dicha enzima, la retrotranscriptasa, es una enzima «salmónica», es decir, permite ir corriente arriba en el fluir de la vida para pasar de un ARN —que suele ser el mensajero que se produce desde un gen— a ADN, cuando lo normal en la vida es pasar siempre de ADN a ARN. Gracias a esta enzima y a su poder de retrotranscripción, abreviado como RT, podemos amplificar y caracterizar el genoma de un virus de ARN como el coronavirus mediante la ampliación de una PCR que pasará a llamarse, por lo tanto, RT-PCR.

puesto a algunos colectivos previamente clasificados como «no esenciales» —si es que este concepto existe entre los trabajadores de un país—.

¡No estoy de acuerdo! Al igual que otros compañeros, virólogos, inmunólogos, epidemiólogos o infectólogos, creo que es prematuro y que no hay indicios científicos ni estadísticos, más allá de un loable intento de no hundir aún más la economía nacional, para rebajar el estado de confinamiento obligatorio que teníamos impuesto durante las dos últimas semanas. A pesar de las medidas de protección que el ministro de Sanidad, Salvador Illa, ha prometido con el reparto de unas nuevas mascarillas denominadas higiénicas o de barrera —tras haber leído la descripción de la Asociación Española de Normalización, UNE, no me ha quedado muy clara su diferencia con las quirúrgicas—, permitir transitar a cientos de miles de trabajadores antes de que la curva de nuevos casos, ingresos en los hospitales o muertes marque un descenso claro, sin ambigüedad, y definitivo, es temerario y podría condenarnos a nuevos rebrotes y… ¡vuelta a empezar! No basta con que se recomiende a los trabajadores con síntomas quedarse en casa. Hasta un 80 % de los infectados pueden ser asintomáticos, incluso con detección de anticuerpos, como antes mostré. Esperemos no tener que lamentarlo dentro de un par de semanas. ¡Seré el primero en celebrar el error de mi exceso de celo! Mientras tanto, ¿alguna novedad? ¡Varias![18]

Cada vez son más las voces, desde todos los ámbitos, que sugieren que los datos aportados por el Gobierno chino sobre casos y fallecimientos por coronavirus en su territorio están drásticamente —y alevosamente— infraestimados. Hay, al respecto, un artículo más que curioso sobre una misteriosa baja de más de 20 millones de móviles de forma

---

18   Un breve inciso, en este caso, para comentar que, a día de hoy, febrero de 2021, el porcentaje de asintomáticos parece ser inferior al 30 %; eso sí, suficiente para que este bicho pandémico nos haya tomado el pelo —el que tenga— y, al contrario de su desaparecido pariente SARS-CoV-1, estuviera ya muy disperso comunitariamente cuando la mayoría de los países decidieran tomar medidas hace ya un año.

abrupta en China durante los meses de la pandemia. De ser cierto que nos han dado cifras premeditadamente bajas, no acierto a saber el motivo, ¿no alarmar? ¿No dar una imagen de derrota ante el virus? ¿No admitir que el virus lleva en China entre humanos desde mucho antes del mes de diciembre? Dudo que lo sepamos.[19]

Otra noticia que ha sido poco comentada en los medios y que solo el tiempo confirmará, o no, nos vino desde una pequeña, casi desapercibida, publicación en la revista *ChemRxiv* desde la Universidad china de Yibin. Puede ser uno más de los cientos de artículos que en las últimas semanas están proliferando por ingenieros, matemáticos o analistas sin haber hecho un solo experimento, pero me consta que la propuesta no ha pasado desapercibida entre algunos investigadores y médicos —o médicos investigadores—. Según su único autor, el virus de la COVID-19 atacaría a la cadena 1-beta de la hemoglobina, capturando las moléculas de porfirinas e inhibiendo el metabolismo hemo. ¿Qué es todo esto? El grupo hemo, del término griego *sangre*, es una estructura formada por una compleja molécula cíclica denominada porfirina con un ion de hierro en su centro. Forma parte de la hemoglobina, la que tiñe de rojo la sangre cuya función, como seguramente sepa, es transportar el oxígeno, vital para la vida, a todos los tejidos e intercambiarlo por el CO_2. Según dicho artículo, algunas proteínas del coronavirus atacarían al grupo hemo a través de una de sus cadenas extrayendo el hierro y produciendo, poco a poco, la pérdida de la hemoglobina con el paulatino envenenamiento de las células pulmonares por la incapacidad de intercambiar el oxígeno por el dióxido de carbono. El resultado final representaría un cambio de paradigma: dejar de hablar de neumonía vírica para hacerlo sobre neumonía

---

19 Hay indicios de que el virus podría haber estado circulando antes de noviembre del 2020. Incluso, un único trabajo de un grupo de virólogos españoles —que no pudo ser reproducido, todo hay que decirlo— lo situó en Barcelona tan pronto como en abril de ese año.

química, con serias implicaciones sobre los métodos clínicos que en la actualidad se están llevando a cabo para combatirla. El propio autor concluye el artículo apelando a su valor meramente teórico reclamando experimentación urgente al respecto. ¡Pues eso![20]

Finalmente, otra especulación, al menos a día de hoy. Según he podido leer —y ver— en algunos medios, la Academia Española de Dermatología y Venereología muestra varios estudios llevados a cabo en China e Italia con supuestas manifestaciones epidérmicas del SARS-CoV-2. Algunos dermatólogos hablan de problemas cutáneos en niños pequeños tales como erupciones, eczemas, ampollas —con términos tales como «algo parecido a los sabañones»—. Desde luego, de confirmarse experimentalmente, sería algo sorprendente y anecdótico con este tipo de virus —aunque sí se ha descrito con otros patógenos— y podría, en todo caso, atribuirse a una acción indirecta de la infección debido al efecto del coronavirus sobre la coagulación sanguínea, tal y como he sugerido en un párrafo anterior. Por otra parte, a falta de más datos, puestos a especular y teniendo en cuenta que estamos viviendo una experiencia traumática de confinamiento excepcional y sin precedentes en la historia mundial moderna, yo apostaría por una manifestación más casual que causal, es decir, un efecto sin la intervención molecular directa del virus; por la privación

---

20 Solo decir que ya en los primeros meses tras la declaración de la pandemia se publicaron en formato «preliminar» sin revisión por pares —por otros científicos— miles y miles de artículos. Muchos esperpénticos, otros meramente especulativos, hipótesis, algoritmos varios o, incluso, basados en datos estadísticos cogidos por los pelos —¡y dale con hacer referencias capilares!—; todo ello sin contar los artículos donde, libremente, se proponían teorías conspirativas —conspiranoicas—, negacionistas o, simplemente, absurdas y ridículas. La gran mayoría de estos artículos «pre-print» no verían nunca la luz en revistas indexadas, serias y revisadas por el colectivo científico. No obstante, a lo largo del presente libro, se mencionarán, además de artículos definitivos, algunas noticias basadas en estas publicaciones preliminares por alcanzar gran relevancia mediática —algo distinto a rigurosidad científica—..

que estamos teniendo de luz solar —con lo que ello significa para la asimilación de algunas vitaminas—, de aire fresco, el estrés traumático al que está sometido todo un planeta y la convivencia, interminable, de familias enteras en hogares «no siempre con jardines y piscinas», como nos muestran muchos famosos cuando hablan de su «vida normal dentro de la cuarentena». Lo dicho, meramente especulativo.[21]

20 DE ABRIL DE 2020. TEST, TEST, TEST…, PERO ¿CÓMO, DÓNDE Y CUÁNDO?

Nada; tampoco ha podido ser esta vez. Sigo sin saber si tuve o tengo SARS-CoV-2. He pasado una semana bastante delicada con náuseas, sudor y cansancio, parecida a la primera que sufrí hace ya casi un mes. Posteriormente, cesaron los síntomas. «¡Curado!», me dije. Una oveja más para el redil de los inmunoprotegidos. Estaba equivocado. Hace un par de días, preocupado y débil me fui a urgencias de uno de los hospitales de referencia para la COVID-19. Me aseguraron que no tenía ningún síntoma compatible con el «bicho». Me hicieron una radiografía torácica; ¡limpia! Total, que volví a casa, igual de débil, sin serología y con un diagnóstico de «molestias gástricas inespecíficas». Esta misma mañana, completamente desesperado, pido una ambulancia y de vuelta a urgencias. Analítica completa —pero no serología—, electrocardiograma, un protector gástrico y, de nuevo, ¡a casa! Seguramente no sea coronavirus, ¿o sí? Me consta que hay pacientes donde la infección cursa con síntomas de lo más difusos y variados, al fin y al cabo, receptores ACE-2 —la puerta de entrada del virus en la célula— están presentes, con distinta densidad, en múltiples tejidos: respiratorio, cardíaco, renal o digestivo, entre otros. De hecho,

---

21 Finalmente, al parecer, muchas de estas manifestaciones cutáneas sí tenían su origen en la infección «per se», en el efecto que causaba el virus sobre la circulación sanguínea, como microtrombos, algo que ya se sabe que hay que combatir con anticoagulantes.

en el diagnóstico que tengo en mi poder reza: «Dolor abdominal inespecífico. Probable infección COVID-19». Y mi primera reflexión: si en una sala de urgencias de un hospital no le pueden hacer un test, ya sea antigénico, genómico o serológico, a un paciente con síntomas difusos, ¿dónde se lo pueden hacer? Según he visto en algún programa de televisión, parece ser más fácil conseguir un test contra el SARS-CoV-2 en una ferretería que en la sala de urgencias de un hospital. Se supone que el Ministerio de Sanidad iba a llevar a cabo una amplia campaña-sondeo sobre la situación serológica contra el coronavirus pandémico. Si hacerle la prueba a los «probables» infectados no es un buen comienzo, algo se está desvirtuando. Insisto, esta es la verdadera urgencia, el arma más efectiva para el principio de todo; de la contención definitiva de la expansión vírica, del inicio del desconfinamiento y de la vuelta al carro de la economía que ahora tenemos con un «palo vírico» entre las ruedas. Y no lo digo yo, que también. Lo ha dicho la OMS —esa organización chivo expiatorio de la ineptitud del presidente del país con el mayor número de casos actualmente—: test, test, test. Por cierto, y antes de volver a la acusación sin fundamento de Donald Trump sobre el posible origen del virus en un laboratorio de Wuhan, mi segunda reflexión del día: cuando se dice que «un país no investiga porque sea rico, sino que es rico porque investiga», o que «sin ciencia no hay futuro», no son eslóganes huecos propios de una campaña electoral. Es una triste pero contundente realidad. Ahora que estamos hablando de «trabajos esenciales», que todos tenemos identificados, o de «trabajos NO esenciales», aquellos que desde hace una semana vuelven a estar operativos, ¿dónde está la investigación? Al menos en mi universidad, la Autónoma de Madrid, UAM, o en el Centro de Biología Molecular Severo Ochoa, todo aquello que no tenga que ver directamente con investigación de la COVID ¡está cerrado! ¿No hay necesidad, al parecer, de investigar otras patologías, otros campos, otras innovaciones punteras? Si la investigación de un país no es esencial, y tampoco parece ser NO esencial..., ¿qué es?

Sanitario realizando de un test.

Volvamos a los delirios de uno de los hombres más poderosos de este mundo globalizado. Seguramente apoyándose en un artículo aparecido en *The Washington Post* —donde no se citan fuentes precisas ni van más allá de suposiciones y sospechas—, Trump ha acusado y retirado su apoyo económico a la OMS por, supuestamente, ocultar datos y por connivencia con China, la cual, además y según el presidente estadounidense, sabría y habría ocultado al mundo el origen y escape del SARS-CoV-2 desde un laboratorio de virología de alta seguridad de Wuhan. Trump ha llegado a lanzar un «habrá consecuencias» refiriéndose al país asiático. ¡Tiemblo! Y lo que es peor, ¡tiembla la bolsa! No obstante, y más allá de esta nueva demostración de incorrección y bravuconada internacional, los hechos siguen siendo tozudos y desmienten ese bulo. Según Edward Holmes, conocido virólogo de la Universidad de Sídney, «no hay evidencias de que el SARS-CoV-2, el virus de la COVID-19 en humanos, se originara en un laboratorio en Wuhan, China».

Coronavirus parecidos al que nos mantiene recluidos en nuestras casas son, por desgracia, bastante comunes en la naturaleza, en muchos animales. Con frecuencia saltan de especie.

El coronavirus más parecido al SARS-CoV-2 es el virus de murciélago conocido como RaTG13. Este virus, efectivamente, lo estaban estudiando en el Instituto de Virología de Wuhan. Sin embargo, la divergencia genética entre RaTG13 y nuestro terrible coronavirus es de unos 50 años —cerca de 100 años si lo comparamos con algunos virus de pangolín—. Es decir, aunque muy próximos, el salto de especie no parece haber sido posible, al menos directamente, sin otros animales reservorios intermedios. Además, tal y como se mostró hace ya casi un mes en un artículo de *Nature*, las mutaciones que han hecho posible la adaptación del coronavirus a nuestra especie eran del todo impredecibles *a priori*. La ingeniosa estrategia que SARS-CoV-2 llevó a cabo para optimizar su espícula —su llave— y poder abrir la puerta celular y expandirse con tanta eficacia entre nosotros no había mente, a este lado de la galaxia, que la hubiera podido prever. Si es que este maldito patógeno, para no ser un ser vivo, sabe latín, y para muestra, otro botón.

El catedrático de Biología de la Universidad de Otawa, Xuhua Xia, es el autor principal de un estudio que acaba de publicarse en *Molecular Biology and Evolution* donde sugiere —creo que con más temeridad que pruebas— que algunos perros salvajes chinos podrían haber sido el «animal X» que sirvió de intermediario entre el coronavirus de murciélago —seguramente el RaTG13— y el virus de la COVID-19. El estudio genético que han llevado a cabo es, todo hay que decirlo, bastante interesante. Nuestras células tienen un mecanismo antiviral asociado al IFN (interferón) que nos protegen contra muchos virus con ARN como material genético. Una proteína celular, enzima, llamada ZAP reconocería una secuencia de dinucleótidos —dos unidades del genoma del virus— presente en muchos virus de ARN denominada CpG inhibiendo su traducción, es decir, la expresión de las proteínas del virus. Claro está, la evolución juega también a favor de los patógenos. Muchos virus reducen su contenido en CpG para resistir a ZAP. Cuanto más adaptado esté un virus a una especie, y más ZAP exprese una célula, supuestamente menos CpG acabará expresando el virus. El sistema virus-especie deja huella. Con estos mimbres, los autores del trabajo concluyen que el virus evolucionó en el intestino de algún mamífero aislado antes de saltar a nuestra garganta; probablemente, algún perro salvaje donde ZAP es muy abundante. Ahí, el SARS-CoV-2 habría reducido, como se ha visto con otros virus, su herencia en CpG hasta estar listo para el gran salto. Eso sí, el propio Xia termina su artículo diciendo que su conclusión no pasa de ser especulativa. Y aquí mi tercera reflexión: hay que tener cuidado con las especulaciones no plenamente basadas en datos experimentales contrastados. La especulación del efecto afrodisíaco del cuerno del rinoceronte blanco lo ha situado literalmente en la senda de la extinción.[22]

Finalmente, otra especulación, una estupidez y una ignominia. Por una parte, y aunque es más que probable que, efectivamente, el SARS-CoV-2 se convierta en virus estacional sensible a las altas temperaturas y horas de radiación ultra-

---

22 Menos de un año después de dicho artículo, nunca más se supo de ningún perro salvaje chino —¡qué mal suena esto que acabo de escribir!— ni de otro animal que podamos asegurar contundentemente que haya sido el famoso y buscado «animal X» reservorio del SARS-CoV-2 desde donde habría podido saltar a nuestra especie. De hecho, en este preciso momento —febrero de 2021— hay una amplia delegación internacional de científicos y observadores en China para tratar de comprobar este punto, buscando cómo, cuándo y desde dónde saltó el coronavirus murcielaguil al *Homo sapiens*. ¡Ah!, por cierto, aunque existe ya mucha bibliografía al respecto, también existen científicos, virólogos, con amplia y contrastada experiencia, que siguen cuestionando el origen último del SARS-CoV-2 en murciélagos. Tal y como he dicho ya cientos de veces, al contrario de la pseudociencia, inalterable, la ciencia avanza despacio, pero segura e imparable, utilizando el método científico que, entre otras reglas, permite la falsación, que no falsificación, de las hipótesis, es decir, tratar de comprobar que una hipótesis y una conclusión no sea cierta. En el proceso, o bien se constata que algo era erróneo y se impone una nueva teoría o, por el contrario, se verifican y consolidan los resultados previos. Todo son ventajas sin tener que recurrir a gurús, iluminados o hechiceros.

violeta de la primavera-verano, he encontrado algo preliminar el estudio que acaban de publicar la Agencia Estatal de Meteorología y el Instituto Carlos III sobre la relación entre las variables meteorológicas y la incidencia de la COVID-19, estudio donde se concluye que el calor y la humedad juegan en contra de la viabilidad del virus. Sin haber tenido en cuenta todas las variables posibles, como el efecto real del confinamiento que estamos llevando a cabo o la densidad poblacional, no deja de ser, como digo, un estudio preliminar, eso sí, esperable, plausible y deseable. En cuanto a la estupidez, sobre la que no voy a gastar más de dos frases, la afirmación del ya completamente enajenado de la ciencia, el tristemente —no tristemente por haberlo ganado, muy merecido, sino por su reputación de falta de rigor actual— Premio Nobel Luc Montagnier, afirmando que unas secuencias —muy comunes en muchos seres vivos— vistas en el SARS-CoV-2 son la prueba de que este virus ha sido creado por mentes perversas. Este hombre, descubridor del VIH, acabó asegurando que el ADN se puede teletransportar o apoyando a los grupos antivacunas —en lugar de dedicarse a conseguir una contra su pequeño monstruo vírico—. ¡Una pena! Una pena como la que sinceramente me invadió cuando vi en las noticias la ruindad, crueldad y mezquindad de algunos vecinos —pocos, muy pocos— que «invitan» a marcharse a aquellas personas que, poniendo sus propias vidas en peligro, están en primera línea de batalla contra el enemigo invisible, tan invisible como la cobardía de quien pinta en un coche «Rata contagiosa». ¡No sabía que acabar siendo un/una imbécil fuera otro de los síntomas de la nueva pandemia!

26 DE ABRIL 2020. MENOS LOCURAS Y MÁS VACUNAS

¡Suma y sigue! Otra semana de locos. Empiezo a pensar que mi sintomatología va de lo somático a lo mental y viceversa. En cuestiones de salud, no hay nada peor, ni más cruel, que la incertidumbre. Sigo con molestias gástricas que quiero

—no soy experto— localizarlas en la parte alta del estómago, con sensación de quemazón, de saciedad y alguna otra cosilla menor a la que, ahora, se le une un cansancio crónico sin explicación. ¡Suma y sigue! Tras cuatro visitas a urgencias sigo sin algo parecido a un diagnóstico, sin algo parecido a una prescripción —de alguna prueba clínica, se entiende—. Me recetan, de oído, un protector gástrico. A las pocas horas de ingerir la primera pastilla se recrudecen los síntomas: náuseas, sudor... ¡Maldita incertidumbre! ¿COVID? ¿Úlcera? ¿*Helicobacter*? ¿Locura transitoria, o perpetua? ¡Suma y sigue!

Y mientras desespero, veo en televisión cosas que nadie más parece ver o, si lo hace, nadie comenta. Algo que, espero equivocarme, podría suponer un cierto repunte —ya veremos la magnitud— de nuevos casos en un par de semanas. A veces lo obvio es lo que más desapercibido nos pasa por delante. ¿Se han fijado en la forma que tiene el personal de ofrecer las preceptivas mascarillas higiénicas a los trabajadores y clientes en algunas bocas de metro y farmacias? ¡Yo sí! Se sabe que nuestro personal sanitario es el más afectado por contagios con SARS-CoV-2 y que, al parecer, dentro de nuestras fuerzas de seguridad del estado hasta un 25 % del personal podría ser coronavirus positivo. Vaya por delante mi gratitud y sincero reconocimiento de la excelente, heroica y necesaria labor que están llevando a cabo. Esto no es óbice para que algunas cuestiones deban comentarse. En mitad del confinamiento, con el distanciamiento y obligatoriedad de NO contacto físico —al menos sin protección— decretado, todos pudimos observar cómo un oficial —no recuerdo, ni importa ahora, el cuerpo en cuestión— saludaba con un sincero y emotivo apretón de manos —y algún abrazo— a una veintena de compañeros. Todo muy emotivo, pero, si me permiten la incorrección, algo irresponsable. Algo irresponsable como la forma que están teniendo algunos funcionarios y farmacéuticos de ofrecer mascarillas a trabajadores y clientes —estoy utilizando, por comodidad narrativa, el masculino neutro—. Protegidos con guantes —falsa sensación de protección si se usan incorrectamente— he visto en innumerables reportajes en varios informativos cómo, agarrando las mascarillas como si fueran cromos por la parte de la tela —en realidad capas superpuestas de ciertos polímeros—, se las ofrecían a los pasajeros, viandantes, muchos también ataviados con guantes a saber desde cuándo, quienes se llevaban la mascarilla directamente a la nariz y boca para protegerse, deben pensar; para infectarse en algunos casos, creo yo. Se dijo desde el principio de la pandemia que, si la mascarilla se usa incorrectamente, más que una protección podría constituir un vehículo de transmisión vírica. Si no la cogemos por las gomitas, o con las manos o guantes limpios —el virus puede permanecer hasta 12 horas en ellos—, estamos, de todas todas, diseminando el patógeno. ¡Cuidado con estos «detalles»![23]

Otro asunto que requiere una profunda reflexión sería el de las vacunas. De los cerca de un centenar de proyectos para obtener dicha golosina protectora —que quizás lleve hasta un Nobel aparejado—, media docena parecen los «caballos» más destacados: EE. UU. con una vacuna basada en ARNm que expresaría la proteína de la espícula viral; una del Instituto Jenner de Oxford basada en un adenovirus recombinante —modificado genéticamente— para, también, expresar la proteína S viral; otra alemana con una combinación de compuestos con base en ARN; la china, basada en un virus inactivo, y, si me lo permiten, una española del grupo de Mariano Esteban, en el Centro Nacional de Biotecnología (CNB) con base en otro virus recombinante, el virus vaccinia (el virus vacunal que contribuyó a erradicar la viruela, ese monstruo vírico que tuvo el «honor» de ser el primer patógeno erradicado por la mano del hombre). Todas ellas, vacunas relativamente rápidas de diseñar

---

23 Aunque la persistencia del virus en los diferentes ambientes y superficies ha sido muy comentada y publicada, sigue sin estar nada claro, así como la importancia de la transmisión del virus desde estas superficies —fómites—. Está claro que tanto los aerosoles, las gotículas mayores y las superficies contaminadas forman el «eje del mal» de la transmisión del coronavirus, pero ¿cuánto participa en el conjunto de la pandemia cada forma de contagio? Todavía está en estudio.

que, seguramente, produzcan una respuesta principal, si no única, humoral, es decir, con producción de anticuerpos. La efectividad y durabilidad de estas vacunas tampoco suelen ser óptimas —aunque todo dependerá de cómo se comporte la respuesta inmune frente a los inmunógenos, las proteínas virales—. Otra vacuna distinta sería la de otro grupo español también del CNB. El grupo de Luis Enjuanes e Isabel Sola está diseñando toda una partícula viral, similar en cierta medida al SARS-CoV-2 original, pero carente de los genes de virulencia. Será, por lo tanto, una vacuna segura, replicativa y, ya puestos, capaz de despertar toda la respuesta inmune —humoral y celular— que debería luchar con más avidez, especificidad y memoria contra el virus de la COVID-19. Aunque lleva más tiempo diseñarla por genética reversa podría ser una vacuna duradera. Todo un frente combativo contra esta mala bestia pandémica. ¿Cuál es el problema? ¡El tiempo! Cada vez que nos preguntan a los divulgadores sobre cuándo estará una vacuna en clínica, solemos dar una respuesta estándar de 12 o 18 meses. Solo, de momento, desde el instituto inglés se han atrevido a hablar abiertamente del próximo otoño. Esto es peligroso y crea falsas expectativas. El diseño, elaboración y comprobación de seguridad y eficacia de una vacuna es un proceso laborioso y largo; por «largo» estoy hablando de muchos años. Estamos en una singularidad sanitaria que podrá acortar algunos plazos. Pero no nos engañemos, acortar los plazos significa, en la balanza riesgo-beneficio, desplazar el binomio a la izquierda. Pensemos que las vacunas son el único «medicamento» que recibimos estando sanos y lo podrán hacer miles de millones de seres vivos. Cualquier minúsculo contratiempo, efecto no deseado que pase desapercibido en ensayos precipitados o con poca muestra de voluntarios, podría ser catastrófico —y aquí no quiero comentar lo que me parece éticamente que haya voluntarios que se ofrezcan a que les inoculen el patógeno—. Me viene a la mente una vacuna contra el virus dengue que, por la peculiaridad del ciclo infectivo del patógeno, llegaba a exacerbar los síntomas de la infección a los vacunados. No parece que sea el caso, pero sí es cierto que, en la mayoría de los pacientes con los síntomas más graves de la COVID, la respuesta proinflamatoria inmunológica del paciente, con producción incluida de anticuerpos, ha jugado un papel crucial. Soy el primero que quiere una vacuna en el mercado, aunque puede que, para mí, como para otros millones de españoles, ya sea tarde, pero tenemos que asegurarnos de cumplir con todos los preceptos de análisis clínicos exhaustivos por mucho que dicho proceso pueda retrasar su comercialización. Nos jugamos mucho. ¿Quién dijo aquello de «Vísteme despacio que tengo prisa»? Otra cosa distinta son los fármacos terapéuticos; medicamentos que se utilizarán directamente sobre pacientes. Aquí, el «uso compasivo» está más que definido y los tempos podrían ser algo más justos.[24]

---

24 He estado tentado de quitar este párrafo por, a la luz de los datos actuales, improcedente. Nunca me alegraré tanto de haberme equivocado con los plazos y la logística/metodología. En mi lógica ecuación de riesgo-beneficio me faltaban unos parámetros cruciales tales como la ingente cantidad de dinero invertido por farmacéuticas y Gobiernos —algo sin precedente en la historia de la humanidad—, la ingente cantidad de laboratorios y coordinación internacional involucrados —algo sin precedente en la historia de la humanidad—, la capacidad de solapar fases clínicas y valoración de las agencias acreditadoras —FDA, CDC, ECDC, EMA y otras siglas que le ahorro— a tiempo real, minuto a minuto, según se fueran obteniendo los resultados con decenas de miles de voluntarios —algo sin precedente en la historia de la humanidad—. Muchos «detalles» que, con los ojos de la elaboración clásica de vacunas y medicamentos, nos hacían, a virólogos y epidemiólogos, desconfiar de «los tempos». Está claro que el medicamento que llegue al paciente, a la población en general, tiene que haber pasado todos los estándares de seguridad preceptivos. Sería horrible que no fuera así y que el único medicamento, la vacuna, que nos suministran estando, «a priori», sanos, acarreara efectos adversos realmente nocivos y peligrosos. ¡Me equivoqué y me alegro! Me preguntaban en los medios de comunicación por mi opinión sobre tener una vacuna con el turrón —me lo preguntaban hacia septiembre del 2020—, y yo, indefectiblemente, contestaba que, quizás, con las torrijas del 21. Pues nada, rectificación bendita realizada. En cuanto a las vacunas en sí, cuando escribía este artículo era la de ARN de Moderna la mejor situada. AstraZeneca, basada en adenovirus recombinante como vector, también estaba muy avanzada, pero varios análisis de algunos casos con efectos adversos detectados ralentizaron el proceso. Finalmente, un «caballo» que no partía como favorito en

Finalmente, en este último bloque querría tratar alguna estupidez —peligrosa estupidez— y otras noticias preocupantes con poco viso de ser ciertas. El señor Trump debería hacérselo mirar. Si la semana pasada se lanzó a amenazar a China con información largamente desmentida por prestigiosos virólogos —y lógicamente no hablo de mí— sobre la posible creación y dispersión del virus desde un laboratorio de virología de Wuhan, ayer, tras leer un informe donde se comenta los beneficios de algunos compuestos en la desinfección de superficies contaminadas por el coronavirus, no se le ocurre otra cosa que decir —y no es una transcripción literal— que ¡podría estar bien inyectarnos desinfectante directamente en los pulmones! Acto seguido dijo que no era científico, pero tenía un gran… —apuntó con su dedo a la cabeza, supongo que queriéndose señalar el cerebro, aunque de este señor ya no sé qué esperarme—. Una ayudante científica que lo acompañaba no sabía dónde meterse. Si esta estupidez la dijera «Juanito», mientras se toma una caña virtual con Ramón, sería hasta simpática. Sin embargo, lo dijo una de las personas más poderosas de la tierra, con acceso a misiles nucleares y muchos millones de votos, detrás de los cuales hay ciudadanos que, con todo el derecho del mundo, creen a su presidente. Y lo creen hasta el punto de que 24 horas

---

septiembre, la estadounidense-alemana Pfizer/BioNTech, publicó sus resultados, fue aprobada y comenzó su proceso de vacunación a finales de diciembre del 2020 —otro hito sin precedente en la historia de la humanidad—. A día de hoy, con millones de personas ya inmunes tras recibir las dos dosis necesarias, se está mostrando bastante segura y eficaz —en Israel, al menos, y aunque no estaba claro que los vacunados no pudieran seguir diseminando al patógeno, la transmisión del virus en la sociedad ha descendido significativamente—. Mientras tanto, otra vacuna basada en ARN, la de Moderna, también ha sido aprobada y distribuida. La siguen la de AstraZeneca/Universidad de Oxford y otras candidatas por las que la Unión Europea ya ha adelantado miles de millones. Se piensa que el llamado «primer mundo» está haciendo acopio de vacunas como para inmunizar varias veces a todos sus ciudadanos. Otra cuestión muy distinta es lo que está pasando con los países menos desarrollados. Sin embargo, la realidad es más que clara, si no atajamos la transmisión del virus en el conjunto terrestre, el virus seguirá amenazándonos, y la pesadilla, como las malas películas de terror, tendrá secuelas.

más tarde, cuando el presidente comentó que había sido sarcasmo, ya había un gran número de intoxicados por ingerir —no sé si llegaron a inyectarse— productos tóxicos. Aquí, en España, tenemos a nuestros propios iluminados que ven en una suerte de desinfectante —MMS, producto que puede ser peligroso, tóxico y está prohibido— la prueba de que el señor Trump es, en realidad, ¡un visionario! ¡Lamentable! Veamos otras declaraciones altamente polémicas. [25]

Li Lanjuan, una viróloga china septuagenaria considerada como una heroína en su país por contribuir al control de la, por entonces, epidemia del SARS-CoV-2 en la región de Hubei, alerta de que el virus está mutando y que las mutaciones más virulentas han ido a parar a Europa y Nueva York. Es cierto que el SARS-CoV-2, aunque menos que otros virus ARN, muta. Ya desde el principio se definieron dos posibles cepas/variantes, la L y la S, aunque no quedó claro si alguna era más virulenta que la otra. En Europa, por secuenciación de los genomas virales —ya se acercan a 2000 los analizados— se han observado algunas variantes víricas, llamadas A, B y, efectivamente, C. En un artículo publicado en la prestigiosa revista *PNAS* por un equipo de la Universidad alemana Christian-Albrecht de Kiel, se comparan las relaciones filogenéticas de 160 genomas de SARS-CoV-2 y se analizan estas tres variantes A-C. Según los autores, la variante

---

25 Uno de los subproductos que se generan en el MMS, el dióxido de cloro, es un conocido desinfectante muy eficaz contra patógenos utilizados, por ejemplo, durante la potabilización del agua o en empresas vitivinícolas. Eso sí, una cosa es utilizar un producto como viricida, desinfectante, en superficies y ambientes, y otra bien distinta es inyectárselo, bebérselo o tragárselo como antiviral. Mi propio laboratorio de neurovirología de la Universidad Autónoma de Madrid está actualmente inmerso en un proyecto, con tesis doctoral en desarrollo, para verificar y caracterizar el potencial biocida-viricida de un dióxido de cloro altamente estable y puro, con marca registrada, contra coronavirus. Dejamos claro que nuestra investigación se centra en su potencial en superficies y ambientes, contra aerosoles que pueden contener, o no, viriones, virus infeccioso, nunca como antiviral para ingerir o inyectarse. No obstante, por desgracia, no hemos podido librarnos de generar polémica, tanto de los amantes de las pseudoterapias como de «fuego amigo». ¿Quién dijo aquello de «Ladran los perros, Sancho, luego cabalgamos»?.

A sería la ancestral de la que derivan las otras dos. Tanto A como C estarían presentes en el este de Asia, en Europa y América, mientras que la variante B sería más común en China y alrededores. Sin embargo, ninguno de los cambios entre variantes aportó detalles significativos sobre posibles modificaciones de tropismo o virulencia. Por el contrario, la mayoría de los cambios son en regiones secundarias del virus. La naturaleza es muy sabia y evolutivamente lo que se impone es la adaptación de estos patógenos intracelulares a su hospedador hacia un equilibrio más llevadero y ventajoso por ambas partes.[26] Asimismo, el pasado 23 de abril se hacían públicas las conclusiones, publicadas en la revista *BMJ* (*British Medical Journal*), sobre las primeras autopsias realizadas en el Hospital Policlínico de Milán a víctimas de la COVID-19. Como era de esperar, se han encontrado pruebas histopatológicas del daño inflamatorio en pulmones, destacando «la presencia de trombos de fibrina plaquetaria en pequeños vasos arteriales», importante hecho que se ajusta a la ya descrita aparición de coágulos en muchos

---

26 Ya hemos comentado que todos los virus mutan, que es su esencia, pero que, por razones también descritas, el SARS-CoV-2 lo hacía menos. Se va produciendo una deriva genética, una adaptación y optimización del patógeno a su entorno, a su nuevo hospedador. A la larga —y digo bien, a la larga— el virus debería ir perdiendo virulencia y optimizar su relación con nosotros en un equilibrio, esperemos, beneficioso para ambos. Mientras tanto, mientras llega ese momento, el virus, mutando, está probando estrategias más efectivas. Durante dicho proceso podrían emerger variantes más agresivas o con mayor transmisibilidad. Tras más de 100 millones de personas infectadas es lo que, de hecho, parece estar pasando con las famosas variantes británicas, sudafricanas, brasileñas o japonesas, entre otras, generando modificaciones genéticas bautizadas, entre otros alardes de imaginación científica, como Nelly [por la mutación N501Y] o Erik [E484K], siendo esta última a día de hoy —febrero de 2021— algo más complicada de frenar con los anticuerpos generados por las personas previamente infectadas. Por cierto, ya puestos, una pequeña aclaración sobre los términos «cepa» y «variante». Aunque ni los virólogos nos ponemos de acuerdo, y siendo los límites de un término y otro algo difusos, en principio, una cepa sería una variante o cúmulo de mutaciones que proporcionan al virus una propiedad biológica y serológica distintiva, diferencial. Hasta que oficialmente eso no quede definido, lo correcto es utilizar el término de «variante».

pacientes. Hasta aquí, los datos médicos. Sin embargo, rápidamente empezó a extenderse en las redes el bulo de que dicho descubrimiento desmontaba la eficiencia de todos los tratamientos utilizados hasta el momento. De nuevo, además de confundir y perjudicar a más de un sanitario, dicha información carece del menor rigor científico. Ya se sabía que, en la fase avanzada de la infección, en pacientes con síntomas graves, se producen trastornos circulatorios con pequeños coágulos; al fin y al cabo, en el endotelio vascular el virus encuentra muchos receptores ACE-2 para su invasión celular. Recomiendo encarecidamente el artículo aparecido en *Science* el pasado 17 de abril (2020) con el título *How does coronavirus kill? Clinicians trace a ferocious rampage through the body, from brain to toes*, donde se describe cómo, dónde, cuánto y por qué ataca el SARS-CoV-2 nuestros distintos órganos: desde el cerebro hasta el dedo gordo del pie…

¡Ah!, no querría despedirme sin un breve comentario. Según el «Índice de Respuesta a la COVID-19», informe elaborado por el ICMA (Institute of Certified Management Accountants) australiano, España estaría situada en la cola mundial de la gestión de la pandemia. Permítanme que cuestione dicho informe, máxime si nos comparamos con países como Brasil o el mismísimo EE. UU. Sea como fuere, en algo sí parece que estamos situados a la cabeza mundial: en los discursos políticos broncos y electoralistas que los españoles no nos merecemos. Como decía aquel personaje entrañable, «¡un poquito de por favor!».

03 DE MAYO 2020. DESESCALADA, SÍ, PERO RESPONSABLE

A ver si me he aclarado; paso ya del medio siglo, vivo en un piso en el Madrid peninsular con mi mujer, aunque no estoy empadronado en dicha dirección ni figura en mi DNI; mis hijos están pasando la cuarentena a más de un kilómetro; mi madre y mis suegros también están más allá de las millas asignadas «de seguridad»; tenemos un gato, pero creo que no cuenta como mascota «paseable»; no tenemos bici ni muchas ganas de correr por las avenidas —con rebufo o sin él—. Ah, y aunque ya creo poder descartar la infección por SARS-CoV-2, no así algún trastorno gastrointestinal que, dicen los amables clínicos que me han atendido telefónicamente, tendrán que mirarme cuando pase la «primera ola», algo que no ayuda a mi tranquilidad. Veamos, con todos estos datos, ¿alguien puede indicarme en qué fase, prefase o posfase me hallo? ¿Cuándo bajar a tomar mis 30 minutos diarios de sol necesarios para sintetizar la suficiente vitamina D como para mantener mi sistema inmunológico robusto? No, no contesten. Son preguntas retóricas sobre la realidad que nos está tocando vivir —impensable si nos lo cuentan hace escasamente medio año—. En realidad, el pro-

Medidas de distanciamiento social aplicadas tras la cuarentena. Barcelona, mayo de 2020.

ceso, aunque cueste al principio asimilarlo, está muy bien definido y, seguramente, detrás de esos esquemas a varios colorines que desde Sanidad se están difundiendo hay múltiples e intensas reuniones entre asesores científicos y administradores de la «cosa pública». Nada que objetar, sobre todo, teniendo en cuenta que, como ha ocurrido en otros países, el proceso puede revertirse en cualquier momento, máxime si no cumplimos con nuestra parte como ciudadanos responsables y damos al traste con las medidas de seguridad fundamentales para evitar la diseminación del mal bicho de la COVID-19 algo, incumplir las normas de seguridad —que se saltaron algunos representantes del Gobierno de la Comunidad y del Ayuntamiento de Madrid durante el cierre del hospital de campaña de Ifema—. Si los responsables de hacer cumplir las normas son los primeros que se las saltan, mal vamos, aunque la foto de unidad política haya, o no, quedado divina.

La desescalada se produce, por cierto, mucho antes de saber cómo está nuestro país en cuanto a inmunizados, infectados, portadores —asintomáticos o no—. ¿Nos acercaremos a ese 15 % —que ya sería un 20— de infectados que nos vaticinaron los algoritmos del estudio del Imperial College de Londres? Según algún que otro estudio preliminar, no oficial, no parece que sea el caso. No obstante, sí considero que hubiera sido más que conveniente haber tenido esos datos de prevalencia serológica, si no completos, sí como una primera aproximación antes de «abrir los toriles», si me perdonan este, a todas luces, desafortunado símil taurino —actividad, la tauromaquia, que, como el fútbol, no está entre mis aficiones, digamos, favoritas—. Sea como fuere, ahora que empezamos con esta nueva normalidad es importante, como ya he indicado, que nos concienciemos todos de nuestra responsabilidad en la desescalada para que dentro de unas semanas no tengamos que hacer cábalas para saber si lo que falló fue el mal uso —que no el uso, para mí importante— de las mascarillas al manipularlas indebidamente, haber sacado a nuestros pequeños a pasear o haberlo hecho nosotros mismos. Por cierto, la semana pasada ya avisé de lo irresponsable que me parecía por parte de la Administración dejar a la investigación, al resto de la investigación más allá del SARS-CoV-2, relegada a un mero puesto de comparsa prescindible hasta que «todo lo demás» haya vuelto a su cauce. Me alegró muchísimo ver y escuchar el comunicado en este mismo sentido que hizo en las redes uno de los oncólogos moleculares más importantes del mundo, Mariano Barbacid, investigador del Centro Nacional de Investigaciones Oncológicas.[27] Mientras tanto, ¿qué novedades moleculares, celulares, clínicas o terapéuticas podemos destacar en torno a la pandemia?

Vayamos con un par de cuestiones, ¡cómo no!, polémicas. Basándose en un artículo aparecido hace ya un par de años en la revista *The BMJ* sobre el papel de la vitamina D como protectora de infecciones respiratorias, un comunicado de la Universidad de Turín especula acerca de la importancia inmunomoduladora de los niveles óptimos de 25-OH vitamina D, una vitamina liposoluble que se sintetiza gracias a la luz solar y su poder ultravioleta cuyos niveles, como dije antes, podría haber bajado en nuestros organismos tras más de un mes de confinamiento. De hecho, no son pocos los países, no tan agraciados como nosotros en cuanto a horas de sol al año, que aconsejan ingerir regularmente cierta cantidad de esta vitamina vía oral. Niveles óptimos —no hipo o hipervitaminosis— de esta molécula pueden mantener un

---

27 Por desgracia, no tardamos mucho en comprobar que, efectivamente, cumplimos malamente las medidas de protección y la responsabilidad, como individuo, como sociedad, como Administración, que la situación de desescalada merecía. No tardamos mucho en ver playas abarrotadas sin la menor consideración, centros comerciales, bares, gimnasios… En fin, que tampoco ayudó mucho el mensaje del presidente del Gobierno diciendo aquello de «Hemos vencido al virus». Curiosamente, palabras casi calcadas las pronunciaron desde el Partido Popular para referirse a la gestión en la Comunidad de Madrid cuando ya, de hecho, la curva de contagios empezaba a subir sin control. ¿Cuántas veces hemos de tropezar en la misma piedra? Hablando de piedra, la deficiencia en una apuesta clara, valiente, decidida por la investigación, por el I+D+i, lejos del 2 % de PIB como desde muchos colectivos estamos exigiendo, también nos seguirá pasando factura).

sistema inmunológico engrasado frente a ciertas infecciones. De hecho, también se le presupone un papel protector frente al riesgo de desarrollar algunas enfermedades autoinmunes como la esclerosis múltiple, aunque esta es otra historia. Al parecer, pacientes hospitalizados por la COVID-19 en Italia tenían mayor prevalencia de hipovitaminosis D. La publicación, con muchas carencias metodológicas y científicas, se aventura a hacer un arriesgado paralelismo entre los niveles bajos de esta vitamina y la gravedad de los pacientes infectados. Mucho cuidado antes de lanzarnos al calcifediol o colecalciferol sin una clara indicación de nuestro facultativo. No debemos pasar por alto, entre otras cosas, que precisamente un exceso de celo inmunológico tras la infección es el causante de las principales complicaciones del SARS-CoV-2.

En este mismo nivel de resultados preliminares controvertidos habría que situar a la nicotina y su posible papel protector contra el coronavirus. Un estudio reciente llevado a cabo en el Hospital La Pitié-Salpêtrière de París, junto con la publicación de finales de marzo aparecida en *The New England Journal of Medicine*, señala que el porcentaje de personas fumadoras infectadas por la COVID-19 era menor que el de la población general -12,6 % frente a un 28 %, respectivamente. La nicotina, según el estudio, podría proteger frente al virus, atenuando, en los casos más graves, la reacción inmunitaria excesiva del organismo. Algo sorprendente si tenemos en cuenta que las afecciones pulmonares del tabaco pueden ser bastante serias. Según el neurobiólogo Jean-Pierre Changeux, la nicotina podría impedir la unión del virus a sus receptores celulares. Afortunadamente, médicos y científicos —incluso médicos científicos— llaman a la prudencia con resultados como estos para no romper la tendencia a la baja del tabaquismo en Europa, algo que sería catastrófico con o sin coronavirus. A ver si al final vamos a tener que recordar un viejo estudio que sugería que los fumadores padecían menos alzhéimer que los no fumadores. La conclusión fue «ligeramente» distinta: había menos fumadores entre los afectados por la terrible enfermedad neurodegenerativa por la simple razón de que, estadísticamente, los fumadores no alcanzaban la edad de desarrollar la demencia. ¡Cuidado!, el tabaco mata. Si se demuestra que la nicotina tuviera algún poder antiviral, ya se aplicará con todas las garantías…

Es vital profundizar en el proceso proinflamatorio que subyace tras los casos más virulentos de ese pequeño, pero muy querido y doloroso, porcentaje de pacientes —nuestros queridos mayores—. En el otro extremo de la cuerda también será de gran ayuda epidemiológica, virológica y clínica averiguar la relación de madre-feto durante una infección por SARS-CoV-2 y la menor sensibilidad de nuestros pequeños a la virulencia del virus. Muchos de los resultados han de comunicarse en un futuro muy próximo, que es como ahora se mide el tiempo dentro de esta vorágine casi esquizofrénica en la que se ha convertido la única nueva realidad mundial. Mientras tanto, no lo olvide, detener la pandemia es responsabilidad de todos, ¿estamos, queridos representantes políticos?[28]

11 DE MAYO 2020. FASES, MEMES Y OTRAS PANDEMIAS

Hoy quisiera comenzar dando las gracias a todos aquellos que os habéis interesado por mi salud. Sigo con alguna cuestión gástrica sin resolver, pero, a todas luces, ajena al coronavirus. Hace menos de una semana el ministro de Sanidad, Salvador Illa, afirmaba que «no vamos a dejar a nadie con síntomas sin diagnosticar». Al día siguiente llamé a mi seguro oficial, mutualista, y al de la Seguridad Social para recabar infor-

---

28   Curiosamente, un embarazo —nueve meses— después de escribir este artículo seguimos sin tener clara la transmisión vertical, madre-hijo del SARS-CoV-2 más allá del hecho de la interacción afectiva estrecha. Algunos artículos señalaban la posibilidad del paso viral a través de la placenta, pero, como digo, todavía falta mucho para verificar este y otros aspectos como, efectivamente, la menor incidencia clínica en los jóvenes infectados. Algunos estudios apuntan a una diferente distribución del receptor —la cerradura— celular para el virus o de un sistema inmune natural más activo y eficaz. La investigación continúa…

mación y, dado el caso, solicitar un análisis. ¡No sabían, no les constaba! Por otra parte, también intenté por mi cuenta y riesgo solicitar una prueba serológica a una empresa privada de diagnóstico que me permitiera saber —asumiendo el porcentaje de fiabilidad y sensibilidad de estos test rápidos— si ya pasé la COVID-19 y pudiera estar inmunizado. Mi gozo en un pozo; están colapsados, y la lista de espera se me antoja inviable. Me resultaría más que interesante, por mi familia y por mí, conocer nuestro estado inmunológico —no ya el vírico— contra el SARS-CoV-2.

Por otra parte, al trabajar sobre un posible antiviral contra dicho patógeno tengo autorización institucional para ir a mi laboratorio. Lo que no tengo, de momento, es financiación; sigo esperando la resolución de un proyecto que mi grupo solicitó a la plataforma COVID del Instituto de Salud Carlos III.[29] Esperemos que, al menos, esta «cosa de palacio» deje de ir despacio. Muchos son los frentes antivirales y vacunales abiertos en el mundo ante la pandemia. El primero de estos frentes por resolver se me antoja que sea la agilidad para poner en marcha la maquinaria científica. De hecho, me van a permitir que comparta con todos ustedes, con tristeza, un meme que representa la consideración de nuestro país —no lo busque entre nuestros vecinos europeos— hacia la investigación. En el mensaje que se ha hecho viral reza lo siguiente: «Prioridades en la desescalada: 1) Construcción, 2) Peluquerías, 3) Futbolistas y demás deportistas de élite, 4) Restaurantes y Bares, 5) Comercios...

---

29   Proyecto finalmente rechazado. Curiosamente, propusimos profundizar con un antiviral que ya había mostrado efectos in vitro y que se mostraba bastante seguro e inocuo en cultivos celulares. Nunca tuve claro el motivo de la desestimación [solicitábamos 30.000 euros]. Nunca se nos informó al respecto, pero, a la luz de algunos proyectos que sí fueron aprobados, parecidos al nuestro, pero menos desarrollados, nos entró cierta incertidumbre sobre la transparencia de la valoración de estos proyectos, máxime en un momento tan acuciante, luctuoso y de emergencia sanitaria como el que estábamos viviendo hacia marzo del 2020. En la actualidad, con una tesis doctoral en marcha y tres proyectos con coronavirus en marcha, solo hemos logrado alguna colaboración puntual privada.

n) Ya, si eso, la Investigación». Insisto, si la ciencia no es esencial ni NO esencial, ¿qué hacemos aquí?

Y ya que nos planteamos sobre nuestro propósito como especie en nuestra querida y minúscula aldea global, también me ha llegado un informe más que inquietante de la ONG Médicos Sin Fronteras sobre el abandono que están sufriendo cientos de miles de niños en todo el mundo por culpa de la pandemia del coronavirus. Según parece, mientras nos interesamos por frenar el avance del SARS-2, estamos afectando seriamente a la posibilidad de vacunar contra otra pandemia, rebrotada y más presente que nunca, como es el sarampión en países como República Centroafricana, Democrática del Congo o Chad. Tal y como ya he comentado en otros apuntes de mi diario, parece que la COVID-19 ha anulado al resto de infecciones. Al parecer, ya no hay dengue, ni VIH, ni malaria —que no es un virus—, ni, como decía, sarampión. Las medidas de contención de la COVID, legítimas, claro está, están poniendo en peligro, no obstante, la lucha contra otras enfermedades potencialmente mortales, como las ya mencionadas, además de posibles neumonías, meningitis o, algo también gravemente pandémico en gran parte del globo, la desnutrición. Según la Alianza Global para la Vacunación y la Inmunización, más de 13 millones de niños no habrían podido ser vacunados por la suspensión de campañas masivas de prevención como medida de contención de la COVID-19 para evitar concentraciones de población. Me parece acuciante implementar contramedidas que eviten ahondar más en la miseria de los menos favorecidos. No podemos, aunque lo veamos lejano en la «comodidad» de nuestro confinamiento, y si me permiten un viejo refrán castizo, «desvestir a un santo para vestir a otro». Sigue habiendo vida más allá de las luchas intra e intercomunidades por ver quién es agraciada con la «pedrea» de pasar a la siguiente fase… Ahora, si me lo siguen permitiendo, hablemos de investigaciones sobre el SARS-2.[30]

Dentro de las lagunas de conocimiento científico y clínico que todavía se tienen en torno a los pacientes más graves, está el origen del exacerbado proceso inflamatorio que, en muchos casos, termina con colapso pulmonar, edema y fallecimiento. Se habla de la tormenta de citoquinas, una «lluvia» de moléculas proinflamatorias que causan la infiltración pulmonar y activación de diferentes tipos celulares. Ahí están, por ejemplo, los llamados «macrófagos tipo 1», M1, unos mercenarios muy activos en la lucha contra patógenos invasores que en algunos casos pueden pasarse de «celo profesional» y provocar un daño en absoluto secundario. Pues bien, ahora, según un estudio publicado en la prestigiosa *Journal of Experimental Medicine*, coordinado por investigadores neoyorquinos, otros fagocitos, otras células implicadas en la inmunidad natural como son los neutrófilos, podrían jugar, tras analizar diferentes autopsias, un papel destacado en el agravamiento de muchos infectados. Para ello, estas células actuarían a través de las denominadas «trampas extracelulares de neutrófilos» (NET, por sus siglas en inglés), unas mallas de ADN que encierran y retienen diferentes proteínas antimicrobianas e histonas liberadas al espacio extracelular. Su función sería inmovilizar a los patógenos y provocar su eliminación activando para ello la temida inflamación pulmonar que puede agravarse con trombosis, secreción de moco espeso por las vías respiratorias y, claro está, producción masiva de citoquinas.

Y ya que hablamos de citoquinas, vamos a fijarnos en una

---

30 Sarampión, dengue, VIH, Ébola y, sobre todo, gripe siguen estando en las listas de la OMS dentro de las diez emergencias sanitarias mundiales. Al margen de que resulta ya inaudito que los Gobiernos no sean más drásticos contra los colectivos negacionistas y antivacunas, la actual pandemia no debería enceguecernos para ver la realidad más allá del coronavirus. Siguen muriendo millones de seres humanos, de niños, de enfermedades contra las que hay tratamientos baratos y específicos o directamente vacunas.

muy especial; una molécula antiviral con funciones pleiotrópicas —diversas—: el interferón (IFN). Esta molécula —en realidad, familia de moléculas— juega un papel destacado en la defensa frente a muchos virus. Por una parte, muchas células infectadas inducen su producción, que, aunque a ella misma no le sirva para protegerse, sí activan un estado, denominado «antiviral», en el resto de células vecinas. Al parecer, nuestro SARS-CoV-2 habría desarrollado mecanismos para bloquear algunas vías tanto de la activación del IFN en la célula infectada como del estado antiviral en el resto. Un artículo publicado hace ya una eternidad —un par de semanas— en *BioRxiv* analizaba la posibilidad de utilizar IFN exógeno como tratamiento, solo o combinado, contra la COVID-19. Ya se sabía que el primo virulento del SARS-2, el SARS-1, era poco sensible al fármaco. Incluso, tratamientos con IFN podrían exacerbar los síntomas de la neumonía. Según los autores de la Universidad de Texas, el SARS-2, en cambio, sí parecería mostrar más sensibilidad contra esta citoquina, al menos de momento, en cultivos y modelos animales. El artículo publicado presenta cambios en varias proteínas virales, la posible ausencia de ORF3b o mutaciones en ORF6, como causa del cambio en susceptibilidad al IFN. Siguen los estudios para ver el potencial de esta valiosa herramienta en tratamientos contra el SARS-2 y, sobre todo, descartar posibles efectos adversos durante su aplicación.

Antes de concluir, excepcionalmente me gustaría aclarar dos polémicas que me han situado en el punto de mira de mucho demócrata que, basándose en el anonimato de las redes, tiene el buen gusto de ir amenazando e insultando alegremente. La primera de las polémicas se gestó en este mismo diario de cuarentena. El 27 de febrero, varias semanas antes de que la OMS decretara la pandemia mundial, se publicó, como digo, en este mismo medio el artículo «Coronavirus, más que un catarro, menos que una gripe». Efectivamente, puedo estar de acuerdo en que el título suene —y sea— sensacionalista. No obstante, tras el título había un artículo basado en datos epidemiológicos contrastados —con cita de fuentes incluida—. A día de hoy, la gripe H1N1, adaptación a nuestra especie de aquella mal llamada «gripe española» que causó entre 50 y 100 millones de muertes entre 1918 y 1920, sigue matando anualmente de forma directa o indirecta a varios cientos de miles de personas en todo el mundo. Teniendo en cuenta que contra dicho influenzavirus —gripe A— tenemos ya cierta inmunidad de rebaño de más de un siglo de interacción y una vacuna que protege a más del 60 % de las personas vulnerables —las mismas que ataca con denuedo la COVID-19—, ¿plantearse la comparativa resulta, en verdad, tan descabellado? El SARS-CoV-2 nos ha encontrado a todos vírgenes inmunológicamente hablando, y los casos se están produciendo en un periodo de tiempo insoportablemente corto, colapsando los hospitales. Es un verdadero drama que ha tambaleado los pilares de la sociedad tal y como la conocemos, y lo seguirá haciendo durante varios años hasta alcanzar, como con la gripe, esa confortable inmunidad de rebaño —de forma natural, si fuera posible, o con una vacuna, si fuera eficaz—. Tras ese periodo, si lo desean mis «comprensivos» seguidores, volvemos a hablar de disparates comparativos.[31]

Por otro lado, tras más de cuatro meses, me parece triste

---

31 Curiosamente, un año más tarde se publicaba un *Science* donde varios investigadores estadounidenses afirmaban que tras la vacunación, cuando alcancemos algo parecido a una inmunidad de rebaño —o inmunidad de grupo, si no quiere considerarse una ovejita—, nos relajaremos en nuestras actuales costumbres restrictivas, los hospitales funcionarán con la normalidad que, más o menos, lo hacían en época prepandémica —quizás con un cambio de paradigma tan importante como exigir la mascarilla a todos los pacientes en las consultas— y los nuevos infectados lo serán con menor sintomatología al haber menos capacidad de dispersión del virus y menos carga viral en el ambiente. El colectivo más expuesto será el de nuestros hijos pequeños, por debajo de los diez añitos, que serán los que se vayan contagiando, como lo hacen actualmente con un sinfín de virus respiratorios, tendrán nula o escasa gravedad, y habrá y, en definitiva, se tratará de un virus respiratorio estacional más, por debajo de la gripe; algo parecido a como se comportan otros coronavirus catarrales. Es más, quizás, se habrá desplazado de su nicho ecológico actual a otros virus como la mismísima gripe. No parece mal panorama, a la espera de nuevas pandemias...

que nuestros representantes políticos sigan utilizando esta luctuosa situación pandémica como arma arrojadiza o como eslogan electoral. Critico seriamente al Gobierno que la investigación, más allá de algunos proyectos COVID, siga todavía parada, que los estudios serológicos estén todavía en fase preliminar o que la protección de nuestros sanitarios se haya descuidado hasta convertirnos en el país con más infectados en dicho colectivo. Por supuesto, también he de criticar que la oposición esté más pendiente de poner ruedas en el carro de la lucha contra la pandemia que en abandonar sus pretensiones —legítimas en cualquier otra circunstancia— de afianzar a sus votantes. Como científico, como ciudadano, no entiendo que todavía se utilice la manifestación del 8M (manifestación por el Día de la Mujer del 8 de marzo) como arma arrojadiza. Está claro que, con los datos de los que hoy disponemos, se tendría que haber cancelado, junto con los toros, fútbol, cines, teatros, conciertos, mítines políticos... ¿Qué hubiera pasado realmente si el Centro de Control de Emergencias Sanitarias hubiera propuesto cancelar toda actividad de ocio o cultura, incluyendo fallas, Semana Santa, o deportivas solo una semana antes del 8M, con apenas, según los informes dados a conocer, unas docenas de casos de trazabilidad aparentemente controlada? Otra cosa es el impacto epidemiológico individual de cualquiera de estos actos frente al desplazamiento diario de millones de personas y asistencia a clases de también millones de estudiantes. Por todo ello, considero, nuestros Políticos, con mayúsculas, están obligados a estar a la altura de sus votantes, aparcar la pancarta electoral y «arrimar el hombro». Ni Europa ni la historia perdonarán el actual espectáculo que estamos ofreciendo.[32]

---

32 Simplemente un breve inciso para indicar algo que, tristemente, es obvio: un año después de esta súplica, el panorama sigue siendo el mismo, si no peor, con políticos metidos siempre en el barro electoralista a costa de lo que se tercie, como nuestros muertos...

Sobre los resultados preliminares de prevalencia —ese 5 % en Barcelona— o la posible presencia de coronavirus antes de diciembre en Europa, hablaremos en otra ocasión.

17 DE MAYO 2020. SEROPREVALENCIA, ELISAS Y EXPANSIÓN ASINTOMÁTICA

Si algo distingue a la ciencia de la pseudociencia es que la primera evoluciona; es, por método, falsable, es decir, puede verificarse, contrastarse o corregirse cualquier resultado, cualquier hallazgo anterior, por muy válido que fuera en su contexto, por nuevos resultados mejor adaptados a las observaciones experimentales. Ahí tenemos, sin ir más lejos, la genialidad de un gigante, Isaac Newton, y sus leyes de la gravedad, siendo superado y actualizado por otro genio universal, Albert Einstein, y su legendaria teoría de la relatividad. La pseudociencia se basa, no obstante, en dogmas de fe, en elucubraciones y creaciones de iluminados que son inamovibles y perduran por los siglos de los siglos. Los principios de la homeopatía, por ejemplo, fueron creados en la mente del médico alemán Samuel Hahnemann a finales del siglo XVIII. Sus fantasías con aquello de que «lo semejante cura lo semejante», si lo diluimos más allá del número de Avogrado —cuando deja de haber moléculas de soluto en el solvente— y lo sometemos a un rocambolesco proceso de agitación-ritual, sigue rigiendo un lucrativo negocio donde se ofrece, a buen precio, agua —con algo de azúcar— como medicamento.[33]

---

33 Así, a bote pronto y como ejercicio mental y conceptual, le invito a que compruebe lo que hay detrás de un producto conocido como «Murus berlinensis», algo que, dicen, puede ayudarle a combatir la sensación de aislamiento, soledad, tristeza posvacacional, eso sí, a buen precio. Se trata de algo así como ¡ralladura supuestamente del muro de Berlín!, polvillo del ignominioso muro diluido casi hasta el infinito en agua. Vamos, que compra agua a buen precio para que le quite la angustia de haber dejado atrás las vacaciones de verano. Todo un invento… ¡y un negocio!

Pues bien, mucho es lo que hemos aprendido en solo un par de meses sobre el virus que ha cambiado el paradigma existencial de la humanidad, el SARS-CoV-2. También es mucho, mucho más de hecho, lo que todavía nos queda por aprender. A lo largo de estos ya casi cinco meses desde que se detectara el primer infectado en Wuhan, China, el análisis de los datos experimentales que se han ido cosechando han obligado a cambiar paulatinamente muchas cosas: criterios de contagios, de protección, epidemiológicos, clínicos, terapéuticos. Sin embargo, en las últimas semanas están surgiendo muchos analistas que se animan a hacer predicciones... ¡del pasado!, un ejercicio subjetivo que puede tener importantes consecuencias sociales si se utiliza para lanzar mensajes y consignas en un entorno ya de por sí crispado. En cualquier caso, he aquí algunos ejemplos de rectificación científica a la luz de los resultados preliminares que ha arrojado el sondeo de seroprevalencia (el primero) que está coordinando el Ministerio de Sanidad y el Instituto de Salud Carlos III sobre unos 90.000 españoles, junto con los obtenidos del análisis de más de 1300 personas en Nueva York y alrededores en pacientes con infecciones confirmados o sospechosos.

Por un lado, la idea de que más del 80 % de los infectados eran asintomáticos, idea apoyada por un estudio publicado desde el Imperial College de Londres, podría cambiar drásticamente si se confirman las primeras aproximaciones de las pruebas —test, si prefiere el anglicismo— serológicas rápidas y por ELISA que se están llevando a cabo, como he señalado, en más de 36.000 hogares elegidos al azar. Según esos primeros resultados, menos del 30 % de los sospechosos de haber pasado la COVID-19 lo habrían hecho asintomáticamente. Es decir, el virus parece haberse transmitido menos desde asintomáticos de lo que se suponía. Aun así, el número de infectados totales podría pasar holgadamente de los 2 millones, 10 veces más del cómputo oficial de confirmados por PCR, pero lejos del deseado 70 % de inmunidad de rebaño o, incluso, del 30 % que con una metodología de NO confinamiento opuesta al resto de Europa han alcanzado en Suecia[34]. Una consecuencia directa de los resultados, además de que todavía nos quede mucha batalla y responsabilidad por delante contra la pandemia, es que la letalidad del virus desciende un orden de magnitud, situándola, de momento, en torno al 1 %, más alta, no obstante, de lo que personalmente esperaba teniendo como tenía una estimación de la transmisión asintomática mayor. La mortalidad por cada 100.000 habitantes se mantiene, no obstante, de las más altas del mundo.

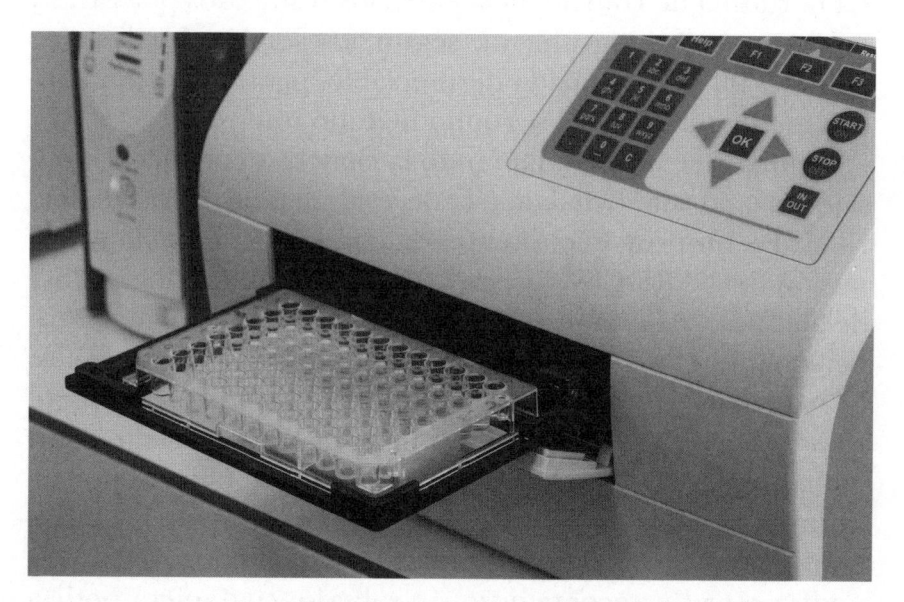

Realización de un test ELISA.

---

34 En realidad, esta última cifra del 30 %, que se nos hizo llegar oficialmente desde el país escandinavo, distaba mucho de ser cierta. Un estudio realizado en Estocolmo lanzaba un triste resultado de solo un 8 % de inmunizados. Dicho claramente, con su estrategia de no actuar sobre la economía y dejar libertad de diseminación al virus, los suecos consiguieron justamente lo contrario: no protegieron su crecimiento económico, entre otras cosas, porque el resto de países vecinos cerraron sus fronteras, ni tampoco a sus ciudadanos, con altas tasas de fallecidos. A un resultado similar habían llegado previamente los ingleses que, sabiamente, decidieron abandonar esa senda tan dolorosa para alcanzar supuestamente la protección de la inmunidad de rebaño.

Otro de los puntos que ha causado cierta sorpresa ha sido la constatación de que las pruebas por ELISA —método semicuantitativo más sofisticado que lleva más tiempo realizarlo y que requiere una mayor muestra de sangre y aparatos de lectura específicos, pero que ofrece una alta sensibilidad para detectar IgG, IgM o, incluso, IgA— no difieren tanto como se pensaba de los test serológicos llamados «rápidos», consistentes en un pinchazo en el dedo y una prueba de inmunocromatografía lateral que no requiere de aparatos sofisticados y cuyos resultados pueden ser interpretados por personal no necesariamente cualificado en unos 10 minutos. La horquilla de coincidencia entre los resultados por ELISA o inmunocromatografía va, según los sondeos realizados, desde el 90 al 97 %, nada despreciable, puesto que se calculaba una fiabilidad del segundo método inferior al 80 %.

También se ha ido adaptando la ciencia, y con ella el mensaje lanzado a la sociedad, a la necesidad, o no, de las mascarillas. En un principio, sin apenas conocimiento de la transmisión del SARS-CoV-2 y con la única referencia del SARS-1 de 2002, la OMS no recomendaba el uso de mascarillas para personal que no tratara con pacientes ni fuera uno de ellos. El mal manejo de las mismas y la falsa sensación de seguridad, decía la OMS, podrían ser contraproducentes. Sin embargo, luego llegó la constatación de que el virus podría difundirse entre asintomáticos —hasta el 80 % de los infectados, nos decían desde Londres— y, por ello, cualquiera podría ser infectocontagioso sin saberlo; cualquiera podría diseminar el virus. Con esos nuevos mimbres, el uso de la mascarilla se hacía imprescindible, algo que no va a modificarse con el 25 % de trasmisión asintomática sugerida actualmente. Sobre el uso de guantes, el criterio no ha cambiado; no se recomienda para un público general y sí una constante higiene y lavado de las manos con agua y jabón —o geles desinfectantes—.[35]

---

35   Nada ha cambiado un año después. Las mascarillas son imprescindibles y obligatorias en prácticamente todos los países. Lo que ha cambiado

En cuanto a la vital y eterna cuestión —desconocida de momento— de si tras el contacto con el virus desarrollamos inmunidad contra una posible reinfección, los datos de los que se dispone actualmente —recuerde que la ciencia no es estática— a través de varios estudios realizados, como el mencionado anteriormente llevado a cabo desde la Escuela de Medicina del Hospital Monte Sinaí de Nueva York, permiten ser optimistas. Según dicho estudio, la inmensa mayoría de los casos analizados, el 99 %, desarrolló anticuerpos neutralizantes contra el virus. La mayoría de los infectados cursaron, además, con síntomas leves. Lo que no dice, ni puede, el estudio es por cuánto tiempo tendríamos esa inmunidad, ¿años, como con el SARS-1, o mucho menos, como contra algunos coronavirus catarrales? Esperemos que el «rebaño» que se vaya inmunizando tras contactar con el virus lo sea, dicho con respeto y cariño, durante mucho tiempo. De ello dependerá la posible futura eficacia de la ansiada vacuna y la vuelta a una nueva-nueva o nueva-vieja normalidad.

Dentro del mismo estudio llevado a cabo por investigadores del prestigioso hospital Monte Sinaí de Nueva York, un dato merece la pena una mención aparte. Al parecer, el

---

es el ámbito de su uso: desde en todos los ambientes, como en España, hasta solamente en espacios cerrados y hacinados como en otros muchos países. Eso sí, una nueva controversia sobre el tipo de mascarilla necesaria se ha desatado —al menos en el momento de escribir este párrafo—. Tenemos las higiénicas, que no son muy efectivas como protección individual; las quirúrgicas, más comunes, azules normalmente, con cuatro horas de uso práctico y que protegen al mundo de nosotros más que al revés. Las FFP2, de alta filtración, sí son verdaderos EPI, equipos de protección individual, muy seguras y protectoras en los dos sentidos, desde nosotros y hacia nosotros. Sin embargo, todo tiene su lado oscuro, como el económico, nada baladí para una familia media, o la comodidad, para los que tienen que llevarlas muchas horas. Por otro lado, tenemos las mascarillas reutilizables que, como en botica, las hay de todo tipo, desde una simple tela con nula garantía hasta las perfectamente homologadas con capacidad de filtrado similar a las FFP2. No obstante, a la hora de legislar surge un —bueno, dos— problema: ¿quién distingue si la mascarilla de tela que lleva un desconocido, junto a nosotros, en el metro, por ejemplo, es de las buenas o de «chichinabo», y, por otra parte y no menos fundamental, desde cuándo la lleva puesta?

punto álgido de mayor productividad de anticuerpos de alta avidez —IgG— se situaría un par de semanas después de que hayan desaparecido los síntomas o, estadísticamente, un mes después de empezar con ellos. La horquilla, no obstante, desde que se activa la respuesta inmune específica hasta que la presencia del virus se hace indetectable es muy amplia y depende de cada individuo. Esto explicaría toda la casuística que se está produciendo en aquellos pacientes a los que se les hace simultáneamente RT-PCR y serología: PCR+ IgM- IgG-, PCR+ IgM+ IgG-, y así con casi todas las posibles combinaciones —PCR+ IgM- IgG+ se me antoja no obstante algo más raro, pero no imposible—. En cualquier caso, la recomendación sería extremar las precauciones durante un par de semanas después de dejar de tener síntomas. Unos resultados óptimos de PCR- IgM- e IgG alta serían el mejor indicador de una respuesta inmune efectiva.

Finalmente, comentar una curiosa noticia que nos llega desde la revista *Antimicrobial Agents* publicada por un grupo del ISERM francés. Tal y como afirman los autores, el virus ya habría estado circulando por Francia desde diciembre del año pasado. En una unidad de cuidados intensivos de un hospital al norte de París habrían tratado a un paciente con problemas serios respiratorios. Una RT-PCR realizada retrospectivamente con muestras congeladas ha dado positivo para SARS-CoV-2. El paciente nunca estuvo en China. Quienes sí estuvieron en China, en Wuhan, en octubre del 2019, fueron los deportistas de la delegación francesa —y española— que participaron en los Juegos Mundiales Militares. Varios de esos deportistas, franceses y españoles, han asegurado que estuvieron enfermos con síntomas compatibles con la COVID. A la luz de estos datos, muchos de ellos meramente especulativos por la dificultad que entrañaría verificar un supuesto contagio seis meses atrás, cabría preguntarse… ¿desde cuándo está transmitiéndose, silente, este estratega de la guerrilla virológica con corona?

26 DE MAYO 2020. STING Y EL FACTOR K

Indudablemente, la ciencia avanza a marchas forzadas; cada semana se nos desvela un mundo nuevo de conocimiento en torno al SARS-CoV-2 con miles y miles de artículos —muchos de ellos, que todo hay que decirlo, de dudosa calidad—, algo impensable en otra época con otras pandemias como la gripe del 2009 o el mismísimo VIH. En una vorágine de información, contrastada o no, frenética como la que estamos viviendo, también se está batiendo un récord en la cantidad de información que queda refutada, falsada, corregida, y no solamente en el ámbito del conocimiento molecular o celular, sino también en el clínico. Al fin y al cabo, como ya he dicho en otras muchas ocasiones, es lo que distingue a la ciencia de las pseudocosas. A modo de ejemplos, hemos corregido a la baja el posible porcentaje de transmisores asintomáticos, la capacidad del virus para modular la respuesta inmune innata —en particular, su modulación de la inducción del interferón—, el efecto del virus sobre la hemoglobina, la supuesta eficacia del famoso antiviral Remdesivir y, recientemente, la conveniencia o no del uso masivo de la hidroxicloroquina en pacientes con clínica grave. Por cierto, de nuevo patética la escenita de Trump afirmando tomar este fármaco casi con y por placer.[36]

Y dentro de esa pléyade de nuevos estudios y conceptos en torno a la pandemia, y cuando ya nos empieza a resultar familiar el factor R_0 —índice reproductivo básico o, en palabras llanas, la media de infectados secundarios que se producen desde un infectado primario—, un nuevo artículo aparecido en *Science* nos presenta una nueva variable, el nuevo factor de dispersión, K, que, junto con el R, describiría cómo —y no solo cuánto— se expande un patógeno en la población; concretamente, cómo se dispersa el coronavirus

---

36 Tremendamente flaco favor ha hecho este señor a la ciencia y estabilidad mundial. Se ha erigido por méritos propios como el «pope» de los negacionistas, pseudocientíficos, charlatanes, iluminados.

entre grupos poblacionales —*clusters*, por su término anglosajón—. Cuanto más pequeño es el factor K, más transmisión viral tendríamos a través de un número más reducido de personas. El concepto no es nuevo; ya en un *Nature* del 2005 se le estimó al SARS-1 un valor K de 0.16 —0.25 al MERS—. Curiosamente, la gripe de 1918 tendría una K cercana al 1. Valores bajos de K reflejarían la presencia de pequeños grupos o supercontagiadores que serían más determinantes que, quizás, un número mayor de infectados entre una población homogénea. Según estimaciones de los autores del trabajo, nuestro SARS-CoV-2 tendría una K de 0.1. Veamos en detalle las posibles connotaciones que esconden estos valores.

El pasado 12 de mayo (2020) un informe del Centro de Control y Prevención de Enfermedades, CDC, de EE. UU. daba cuenta de los 53 miembros de un coro de una iglesia de Washington que se infectaron a partir de una única persona infectada, una supercontagiadora. Dos murieron. No es un caso aislado. Muchos supercontagiadores han sido descritos en conciertos, en barcos, restaurantes, prisiones o, incluso, en clase de zumba. Al parecer, aunque otros patógenos también aprovechan los contactos grupales para su diseminación, los nuevos coronavirus serían especialmente propensos. Estos resultados, dicen los investigadores, podrían sugerirnos qué tipo de actividades habría que restringir —qué tipo de congregaciones o reuniones— y cuáles otras, principalmente al aire libre, podrían «relajarse». El virus preferiría transmitirse en pequeños grupos, a través de supercontagiadores, en vez de hacerlo de una forma homogénea entre la población, incluso contando, quizás, con un número mayor de infectados…

Arrancábamos este informe hablando de avances y rectificaciones sobre la respuesta inmune inducida o controlada por el coronavirus. En este contexto, mucho se ha hablado de posibles consideraciones y predisposiciones genéticas para una mayor o menor susceptibilidad a manifestar síntomas más o menos graves. Un artículo, *pre-print*, aparecido en la revista *BioRxiv*, apunta a la posibilidad de que variaciones genéticas en determinados genes relacionados con la actividad inmune innata podrían marcar la diferencia entre dos personas aparentemente sanas y con características similares en cuanto a su respuesta inmune más o menos efectiva. Para ello analizaron la secuencia de diferentes regiones de genes que codifican proteínas como la furina, TMPRSS11a —implicadas en entrada de algunos coronavirus— o MBL2 y OAS1 —protagonistas de respuestas innatas tan importantes como la del complemento o interferón—, entre otros genes, en más de 140 individuos, encontrando diferencias significativas entre secuencias. Algunas de las variantes (alelos) encontradas en MBL2 y OAS1 podrían, según los autores, tener relevancia para explicar la mayor o menor efectividad de la respuesta innata contra nuestro SARS-CoV-2, es decir, la primera respuesta que se origina mucho antes de la ansiada seroconversión y producción de anticuerpos. Esto, unido a la posibilidad del virus de inhibir ciertas rutas de activación del interferón —la molécula antiviral por antonomasia—, como la ruta que regula los genes STING —que no tienen nada que ver con ningún cantante y sí con «genes estimulantes de interferón»—, pone de relevancia la importancia evolutiva de nuestra inmunidad innata —también conocida como natural— sobre el coronavirus. El trabajo sobre STING acaba de ser publicado en el *Journal of Experimental Medicine* por un equipo de investigadores internacional que, aunque lo han extrapolado al SARS-2, en realidad trabajan con el virus herpes simple tipo 1 (HSV-1), el mismo que ha dirigido la actividad científica de mi grupo durante los últimos 20 años.

Finalmente, les presento una bomba informativa con el respaldo de una gran publicación en la prestigiosa revista *Cell*. De confirmarse, además de explicar también diferentes susceptibilidades a la infección entre la población, habría que tenerlo muy en cuenta a la hora del diseño de las múltiples vacunas que están en marcha. Algunos hospitales informaban hace unas semanas de que muchos ensayos serológicos podrían reconocer infecciones producidas por otros coronavirus catarrales, lo que se denomina «reacción cruzada».

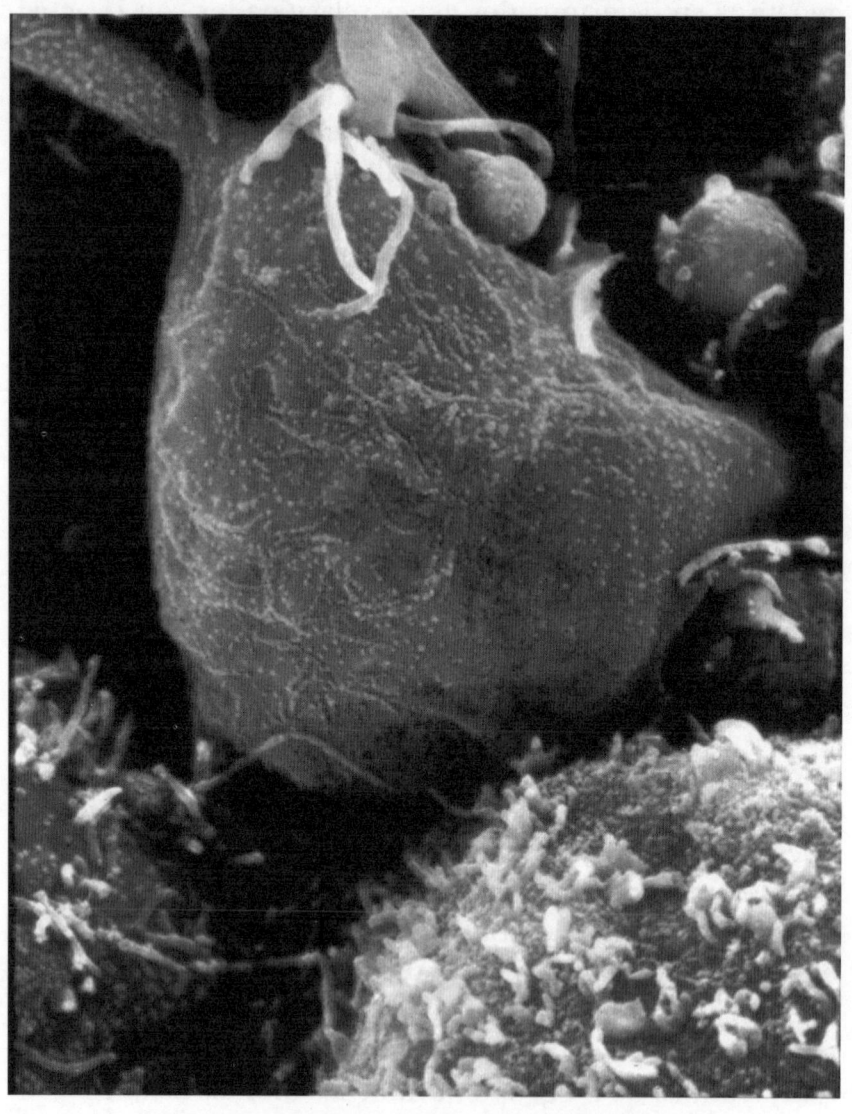

HSV (Virus del Herpes Simplex). [Juan García Costa, Virología, CHUO. Orense]

Ahora, el estudio coordinado desde el Instituto de Inmunología de La Jolla, en EE. UU. nos presenta inmunidad cruzada del suero de pacientes de COVID-19 con respecto a otros posibles coronavirus catarrales. En realidad, lo presentaron al revés: han encontrado en personas que no han estado expuestas al SARS-2 cierta presencia de anticuerpos y células citotóxicas —regulados por linfocitos CD4 y CD8— con respuesta cruzada para la COVID-19. ¿Qué puede significar esto? Muchas cosas, como que haber pasado catarros por coronavirus podría protegernos, al menos parcialmente, de los efectos del SARS-CoV-2 —aunque también podría ser al revés, puesto que la inflamación secundaria causante de muchas muertes en pacientes de la COVID-19 podría estar mediada por anticuerpos—. Estos resultados también tendrán que tenerse en cuenta en las pruebas serológicas y en el desarrollo de futuras vacunas. Todo esto es, de momento, especulativo, al menos hasta la próxima semana, todo un siglo en el nuevo universo COVID.[37]

02 DE JUNIO 2020. Y LLEGÓ EL MOMENTO DE RECAPITULAR

En algún momento tenía que echarse el telón sobre este diario de la cuarentena «coronapandémica» y tras estar toda España inmersa en la desescalada —esperemos no tener que volver a una des-desescalada—, considero que este puede ser un buen momento. Buen momento para echar la vista atrás —ya parece un siglo y otro universo paralelo— y ver de dónde partíamos a finales del 2019, dónde estamos ahora y probablemente dónde estaremos a final de año. Según algunos indicios —unos atletas supuestamente infectados durante unas competiciones deportivas en la ciudad china de Wuhan—, puede que, en octubre del año pasado, o antes, un nuevo agente infeccioso vírico perteneciente a la familia *Coronaviridae* estuviera circulando por la provincia asiática de Hubei. Sea como fuere,

---

37 Actualmente siguen los estudios para determinar si infecciones pasadas nos protegen de las más virulentas del nuevo coronavirus, si otras infecciones podrían interaccionar o no con este patógeno, cuánto perdura la protección tras la infección, cuán susceptibles nos hacemos a una reinfección ya sea del mismo virus o de nuevas variantes; en fin, simple y llanamente, ¡todavía queda mucha película!

el 11-12 de enero del presente año (2020) la Organización Mundial de la Salud, OMS, empezó a recibir información más detallada de la Comisión Nacional de Salud sobre un nuevo brote epidémico encendido desde un mercado húmedo —pescados y mariscos— de Wuhan, mercado que ya había sido cerrado preventivamente el 1 de enero. El 12 de enero China informa de la secuencia genética del agente infeccioso, un betacoronavirus parecido, pero lo suficientemente distinto, al virus del SARS que 20 años atrás provocó una epidemia que puso en alerta a todos los centros de vigilancia epidemiológica mundiales causando cerca de 1000 muertos. A partir de aquí, la tormenta de información —contrastada o no; desinteresada o no— se sucede vertiginosamente, provocando una singularidad en la historia de la humanidad no solo en cuanto a las consecuencias sociales que el virus ha generado, sino también en la forma de comunicación en un mundo globalizado y tecnológicamente conectado en tiempo real.

El SARS del 2003 —o si lo prefieren, SARS-CoV-1—, era un virus diez veces más letal que el actual SARS-CoV-2 o virus de la COVID-19 —enfermedad por coronavirus del 2019, no coronavirus del 19 de diciembre, como se informó desde alguna administración regional—. Se transmitía entre humanos principalmente tras manifestarse los síntomas provocando un síndrome respiratorio agudo severo (SARS en inglés). Era un virus respiratorio con cerca de un 10 % de letalidad. En aquel momento, toda la humanidad contuvo la respiración esperando que la pandemia no se hiciera global. Curiosamente, tras producir casos aislados en varias decenas de países, a finales del verano del 2003, el virus, como vino, se fue. Me pregunto qué hubiera pasado si, víctimas de un temor legítimo, la OMS decreta la pandemia global y todos los países hubieran decidido decretar cuarentena estricta con confinamiento mundial obligado.

El SARS-CoV-2 parecía seguir razonablemente los pasos de su antecesor: virus respiratorio surgido desde un precursor vírico de murciélago con algún intermediario mamífero previo al hombre —todavía por caracterizar—, cuadros de distrés respiratorio con neumonía bilateral, una mortalidad principalmente cebada sobre la población mayor de 70 años más baja que su predecesor y alteraciones de la respuesta inmune claramente implicada en la sintomatología más grave. Hasta principios de abril los datos científicos no permitieron constatar una profunda y fundamental diferencia entre ambos SARSvirus: el de la COVID-19 se transmitía eficientemente de forma asintomática. Era imposible, por lo tanto, llevar a cabo la trazabilidad del virus una vez libre entre la población. Estamos hablando de comienzos de abril, semanas después de haberse decretado la alarma sanitaria de prácticamente toda Europa. Varios meses más tarde, además, se ha podido observar que el SARS-CoV-2 prefiere una diseminación grupal —*clusters*— desde supercontagiadores y en espacios cerrados, presentando un factor K, factor de dispersión que indica la tendencia del virus a dispersarse desde reservorios, desde grupos, de 0.1 —a menor valor, mayor dispersión grupal—. Quizás no sea únicamente por esto —hay quien piensa, seguramente con razón, que la falta de disponibilidad jugó también un papel importante—, pero, pensando que la transmisión del virus se producía una vez presentados los síntomas, la OMS y la mayoría de los Gobiernos occidentales no recomendaban el uso de las mascarillas para toda la población, sino solo para personal expuesto, sanitarios o fuerzas de seguridad, enfermos y sus familiares. Confieso que, como virólogo y miembro de la Junta Directiva de la Sociedad Española de Virología, el mismo 14 de marzo, en un reportaje que finalmente no vio la luz para una televisión privada, sugería que usar las mascarillas podría suponer, de hecho, un factor de riesgo para la población si se usaba mal —tocándola con las manos contaminadas por la parte que te colocas sobre nariz y boca, por ejemplo—. Sigo pensando que manipular mal una mascarilla puede suponer una fuente de contagio, pero, sin embargo, ahora nadie, y menos yo, debería dudar de que usar estas barreras físicas de protección —junto con el distanciamiento social y la higiene rigurosa de las manos— es un hecho fundamental, crucial, para prevenir rebrotes y controlar la pandemia en estos momentos de desescalada y seguir avanzando por las complicadas y delicadas fases 1, 2, 3…

Mucho se ha dicho —y mucho se ha discutido, no siempre con educación— sobre cómo y cuándo tendría que haber actuado el Gobierno. No hablo únicamente del español, puesto que estas diatribas contra los gestores estatales se han producido en la mayoría de los países occidentales, tales como Francia, Inglaterra o Suecia —lo ocurrido en países como EE. UU. o Brasil merece una reflexión aparte en la que, con su permiso, no pienso entrar—. La OMS, el CDC, su homólogo europeo ECDC, la UE, los centros, en definitiva, de vigilancia epidemiológica en su totalidad tampoco lo tuvieron tan claro. Como he dicho, hasta finales de marzo, ya en plena cuarentena, los datos científicos no mostraron las cruciales y endiabladas diferencias entre el SARS-1 y 2. Los países fueron actuando de oído y de oficio a medida que los nuevos casos producidos dejaron de mostrar trazabilidad. ¿Por qué unos países, entonces, han mostrado proporcionalmente muchos menos casos que otros? No creo que exista una respuesta única y contundente a esta crucial pregunta. Se sabe que tanto Italia como España recibieron al virus desde distintos frentes —cerca de 15 puntos de entrada diferentes se piensa que tuvimos en nuestro país—. Recibimos el primer golpe del coronavirus en Europa. A otros países el virus llegó más tarde, por lo que pudieron «ver las barbas de su vecino recortar», como Portugal. Otros países, como Alemania, mostraron una capacidad técnica y sanitaria con casi el triple de camas hospitalarias que nosotros sin comparación posible. Sin embargo, también nos encontramos con singularidades como la de Grecia o Croacia. Quizás, al fin y al cabo, tal y como escribe el escritor y periodista John Carlin, la suerte también haya jugado un importante papel durante la diseminación del virus.[38]

---

38   A la luz de los datos de un año más tarde, puede que John Carlin realmente tuviera razón. La suerte podría haber jugado un papel crucial en la diseminación del virus durante la primera ola. Por ejemplo, Portugal, el espejo —o el milagro de la gestión pandémica, se decía— donde mirarnos aquellos luctuosos meses de marzo-mayo del 2020, es ahora, febrero del 2021, el país del mundo con la tasa de incidencia acumulada a 14 días — casos producidos durante dos semanas y 100.000 habitantes— más alta, más de 1200 casos; ¿por qué? Quizás cerramos demasiado pronto nuestras fronteras, con pocos casos exportados a nuestros vecinos, favoreciendo su control. Lo dicho, un golpe de suerte, ¿no? Grecia también pasó su calvario después de haber sido objeto de alabanzas mundiales por su control durante la primera ola. ¿Y qué decir de la poderosa Alemania, Francia, Inglaterra y un sinfín de países europeos? Está claro que el equilibrio entre un control eficaz o la dispersión descontrolada del coronavirus es muy frágil. Cualquier relajación de las medidas, cualquier irresponsabilidad personal, social, gubernamental han podido dar al traste con los buenos datos. Italia fue foco pandémico hasta junio del 2020, después, espejo envidiado con su estado de emergencia y coordinación estatal única que proporcionaron datos de transmisión viral muy bajos y, con ello, un verano ciertamente benigno. Unos meses más tarde, entrado ya el otoño del año pasado, nuevamente sufrieron de cifras disparadas; ¿por qué? Dentro de nuestro país, tuvimos el mismo panorama, con Asturias, Extremadura, Comunidad Valenciana o Galicia, por ejemplo, muy lejos de las cifras alarmantes de otras comunidades como la madrileña, catalana, Aragón o La Rioja. Asturias fue de las pocas comunidades que tuvieron que cancelar reservas hoteleras durante el verano por *overbooking*. Poco después, a partir de la denominada tercera ola, en diciembre, y sin haber vencido la segunda [agosto-noviembre] que nunca bajó de 180 casos por 100.000 habitantes, los casos en Extremadura y Valencia se disparan —Asturias vivió su calvario a finales de la segunda embestida—. ¿Relajación, mala coordinación, imprudencia, medidas laxas, irresponsabilidad, nuevas variantes víricas? No se sabe. Quizás todo ello, nada u otros motivos todavía por descubrir. El caso es que España, en su conjunto, ha pecado de los mismos defectos que muchos otros países, europeos o no; eso sí, con nuestra propia idiosincrasia. Al tener muchos de nuestros «huevos económicos» en la misma cesta, la del turismo tanto exterior como interno, la crisis económica nos ha golpeado con más violencia, haciéndonos perder hasta un 11 % en nuestra bolsa de los euros, en el PIB, en comparación con cerca del 6 % en Alemania o, incluso, menos del 4 % en EE. UU. En nuestro país, el peso de la hostelería y restauración supone, en su conjunto, cerca del 19 % del PIB, frente al 1 %, por el mismo concepto, en Alemania. Compensar con ayudas estatales, por lo tanto, a este sector tan castigado supone una dificultad titánica difícil de abordar. Otro asunto a tener en cuenta es la gestión —o percepción de la misma por parte de la sociedad— realizada desde las administraciones tanto autonómicas como nacionales. Las luchas salvajes, toscas, absurdas, bizantinas, malintencionadas y sin miramientos por los intereses generales a favor del electoralismo, captación de votos y

En el terreno meramente virológico y clínico, ¿qué ha cambiado en estos tres meses? Haciendo un concienzudo ejercicio de síntesis —y pidiendo perdón por la información que, de todas todas, me veré obligado a omitir—, como decía al principio, la proliferación de artículos científicos sobre la COVID-19 no ha tenido parangón en ningún momento anterior de la historia de la humanidad: cerca de 8000 artículos (en mayo 2020) solo haciendo una búsqueda bibliográfica en el portal científico PubMed por SARS-CoV-2 —le dejo a usted el ejercicio de repetir la búsqueda por términos como *coronavirus* o *COVID*—. Todavía desconocíamos la transmisión asintomática del virus, pero ya constatamos que el receptor celular era el mismo que para el SARS-1, la convertasa para angiotensina 2, ACE-2. Además, y aquí podría estar una de las claves del éxito de este patógeno, se vieron unas mutaciones puntuales que hacían más eficiente

---

desgaste del adversario político, además de causar hastío y desasosiego en la población, han causado, a todas luces, desobediencia ciudadana —si no hay una orden y coordinación clara, actúo como más me apetezca—, dolor, colapsos hospitalarios innecesarios, muertes. Esto no solo lo digo yo, que también, sino, con otras palabras, nos llegó desde la OMS. Más cosas. Otra de las preguntas que subyacen en el colectivo mundial es por qué, al menos a día de hoy, China, Australia, Nueva Zelanda y otros países de Asia parecen disfrutar casi de una realidad prepandémica —con fiestas, acontecimientos deportivos o desfiles multitudinarios—. La respuesta se repite como un mantra en los colectivos científicos: estos países, a todas luces, han decidido ir a por el virus, no convivir con él, como hacemos los demás. Con muy pocos casos cierran ciudades enteras, imponen cuarentenas estrictas, realizan miles —si no millones— de test o cierran fronteras y exigen 14 días de aislamiento a los viajeros. Jugando a convivir con el virus solo conseguimos poner parches al ritmo de baile que nos impone el parásito. Finalmente, en cuanto a las causas últimas que hacen que el virus se disperse o, incluso, que infecte a dos personas parecidas con resultados diametralmente distintos, una publicación estadounidense daba un dato poco tranquilizador. Dos hermanos gemelos univitelinos —genéticamente prácticamente idénticos—, genética y epigenética igual, vidas idénticas, puesto que vivían juntos, trabajaban en lo mismo, comían o disfrutaban de los mismos «vicios», se infectaron a la vez por el SARS-CoV-2. Los dos fueron al hospital. Uno salió con síntomas leves en tres días; el hermano permaneció dos meses en la UCI. ¿Por qué? No se sabe. Quizás, al hermano más enfermo le afectó inmunológicamente hablando una pequeña infección bacteriana que tuvo algunas semanas antes de contraer la COVID-19. Todo muy sutil que todavía desafía a una explicación más científica.

la entrada viral en el interior celular a través de un mecanismo proteolítico de la proteína S —la famosa espícula del virus— mediada por furinas. Esto, junto con la diferencia filogenética entre el virus más parecido de murciélago, el RaTG13, y el ya humano SARS-CoV-2, echaba por tierra, por mucho que le pese a Trump, la teoría conspiranoica de un virus creado intencionadamente por el hombre o, en el mejor de los casos, una fuga accidental del virus de murciélago desde un laboratorio de máxima seguridad virológica de Wuhan. También se habló mucho de la variabilidad de este coronavirus pandémico. Aunque se trata de un virus de ARN, un mecanismo exclusivo mediado por exonucleasas de unas pocas familias virales semejantes al SARS-CoV hace que el virus mute poco —aunque muta—. A lo largo de los últimos tres meses se han secuenciado diversas variantes virales, pero, al parecer, ninguna ha supuesto un cambio significativo de virulencia. Recientemente se ha sugerido que el virus sí estaría perdiendo agresividad —constatado también por algunos médicos—. Puede que sea cierto. De hecho, lo normal es que el virus evolucione para alcanzar una máxima efectividad de diseminación y una menor agresividad en el hospedador, pero, también a día de hoy, no hay datos experimentales concluyentes más allá de unas observaciones empíricas o unos primeros ensayos en cultivos celulares.[39]

---

39 Los estudios de la pérdida de virulencia del virus nos llegaba el verano del 2020 desde el Hospital Vall d'Hebron. Se observaron unas deleciones que provocaban la aparición de una proteína S soluble que podría competir por el receptor celular y, por ello, dificultar la infectividad viral. Sería un bonito mecanismo de autocontrol de haberse confirmado. En cambio, lo que parece haberse confirmado, de momento, es la aparición de nuevas variantes, cúmulos de mutaciones o linajes, capaces de producir mayor título viral, mayor dispersión, capacidad de contagio e, incluso, menor susceptibilidad a la inmunización, tanto natural, por la infección en personas previamente infectadas con variantes anteriores, como artificial, en vacunados. El proceso de adaptación de un virus a su hospedador es largo. No se mide en meses, sino en años. Durante dicho proceso, por métodos de ensayo y error, pueden emerger variantes que, puntualmente, puedan ser más virulentas para nosotros. Este proceso habrá que estudiarlo, con perspectiva, cuando, pasados unos años, ya

Mucho más movido se ha mostrado el campo de la clínica. Poco a poco, el virus ha ido mostrando un abanico sintomatológico ciertamente preocupante desde los primeros cuadros descritos de disnea, tos seca y fiebre —con la inclusión posterior de la anosmia—. Literalmente, tal y como titularía un artículo en la prestigiosa revista *Science*, el virus puede manifestarse desde el cerebro —con cefaleas o, raramente, encefalitis— hasta el dedo gordo del pie: neumonía bilateral, fibrosis pulmonar, microtrombosis, eczemas o síndromes ciertamente desconcertantes en niños, como el de Kawasaki. Sea como fuere, en el 80 % de los infectados la sintomatología es inexistente o ciertamente leve. En torno al 5 % requerirá cuidados especiales. Muchos morirán. En los casos de clínica severa, la inflamación, primaria tras la infección o secundaria tras la producción de anticuerpos, parece haber jugado un papel fundamental. Términos como «tormenta de citoquinas» o «Macrófagos M1» han saltado al ámbito social. Otros aspectos, como la implicación de los neutrófilos, unos fagocitos que nos mantienen a salvo de muchas infecciones —bacterianas principalmente— han pasado de puntillas por la pandemia, aunque, según publicaba la revista especializada *Journal of Experimental Medicine*, los neutrófilos, mediante la producción de sus trampas extracelulares, NETs, podrían haber jugado un papel importante en la exacerbación de la respuesta inflamatoria, la causante de la sintomatología más grave.

Asimismo, numerosos tratamientos y contratratamientos se han ido sucediendo, también empíricamente, a lo largo de la pandemia. Se han ensayado, solos o combinados, diferentes medicamentos utilizados ya en otras patologías, como antivirales, antibacterianos, antimaláricos, antitumorales o antiinflamatorios. Especial mención tendría la hidroxicloroquina y el antiviral Remdesivir. La primera pasó de ser la estrella de los tratamientos a ser retirada de la clínica de la

---

estemos viviendo la futura nueva realidad, seguramente con un virus estacional mucho más llevadero.

COVID-19 por la OMS por su supuesta ineficacia y efectos adversos. A día de hoy, solo Trump y unos pocos convencidos siguen apostando por ella. Por otra parte, el Remdesivir, inhibidor de la polimerasa viral que ya fue ensayado contra el Ébola, acaba de recuperar su potencial terapéutico tras los datos moderadamente optimistas presentados en la revista *The New England Journal of Medicine*. Previamente, otra publicación aparecida en *The Lancet* por un laboratorio chino cuestionaba dicha eficacia —finalmente, unos meses después, un tercer artículo puso en entredicho la efectividad del producto—. Todo ello, mientras proliferan los ensayos para la obtención de antivirales específicos, como los que estamos llevando a cabo en nuestro laboratorio, y se obtiene, a más largo plazo, la ansiada vacuna «de fierabrás» que nos haga despertar de esta pesadilla. Cerca de un centenar de proyectos están en marcha. Entre los más avanzados habría que mencionar uno estadounidense con una vacuna basada en ARN, otro del Instituto de Jenner, en Oxford, o del Instituto de Biotecnología de Pekín, estos últimos con vacunas recombinantes con base en un adenovirus, o el proyecto del Centro Nacional de Biotecnología (CNB) con el virus recombinante vaccinia. Todas estas vacunas apuntan a la generación de respuesta inmunológica, seguramente humoral, contra la proteína viral S, la famosa corona insertada en la envuelta lipídica que recubre al virus. Por otra parte, desde el Instituto de Virología de Wuhan están desarrollando una vacuna distinta, basada en un coronavirus inactivado —algo parecido a la primera vacuna contra la poliomielitis que se desarrolló en 1957—. Dejo para el final el proyecto que más me ilusiona. No será la primera vacuna en llegar al mercado, pero, de lograrse, podría ser la última y más eficaz. Hablo del proyecto del grupo de Luis Enjuanes, también en el CNB, para conseguir un virus SARS-CoV-2 atenuado y sin los genes de virulencia capaz, al menos *a priori*, de inducir la respuesta inmune protectora más parecida a la que generaría la propia infección con el patógeno.[40] ¿Y a partir de ahora? Para finalizar y poner el broche final a estos dos meses de diario sobre esta luctuosa singularidad que estamos viviendo, solo señalar un par de observaciones cruciales. Por una parte, la pregunta, todavía sin clara respuesta, sobre cuánta inmunidad adquirimos tras la infección y, sobre todo, cuánto nos durará. Estudios preliminares nos llevan al optimismo con respuesta neutralizante en la mayoría de los pacientes que han pasado por la COVID-19. Si comparamos al SARS-2 con el 1, también hay motivo de esperanza, pero, por otro lado, algún estudio como el llevado a cabo por IrsiCaixa sugería que hasta un 40 % de los infectados que mostraron una menor sintomatología no generarían suficientes anticuerpos neutralizantes. Conforta saber que no solamente de anticuerpos vive nuestro sistema inmune —las células T CD8 tienen mucho que decir en inmunidad viral—. También está la cuestión de la «reacción cruzada». Nuevamente, estudios preliminares apuntarían a que las personas que habrían pasado algún catarro por coronavirus —hay hasta cuatro especies pandémicas de coronavirus catarrales, dos de ellas del mismo género que el SARS-CoV-2— podrían mostrar algún tipo de protección frente al nuevo y temido coronavirus pandémico.

---

40   Aunque ya es obvio y se ha comentado anteriormente, insistir que, finalmente, fueron dos vacunas de ARN mensajero, el genoma viral que codifica la proteína S, y otra constituida por un adenovirus de chimpancé modificado para portar el gen de la misma proteína S las tres ganadoras —ya veremos si cae algún Nobel— en llevarse la fama mundial, nuestro agradecimiento y… nuestro dinero, con polémica chapucera comercial incluida. Otras vacunas con virus inactivado, con proteínas o con virus recombinantes de adenovirus humano o virus de la vacuna, vaccinia, están próximas a llegar al mercado en el momento de escribir estas líneas. Por cierto, aunque las propias compañías farmacéuticas, Moderna o Pfizer, insisten en que lo que está comprobado es que sus vacunas protegen, al menos, de la sintomatología más grave, el caso es que los primeros resultados obtenidos ya a finales de enero del 2021 en Israel, el país más avanzado del mundo vacunando, dan motivo a la esperanza al constatar que también protegería de la transmisión. También parece constatarse la robustez e inocuidad de la vacunación, así como la generación de células B y T de memoria. No está mal para unos fármacos elaborados en un tiempo milagrosamente pequeño.

Sobre la manida pregunta de si el virus desaparecerá con el calor del verano o si volverá con fuerza en otoño, la respuesta tiene mucho que ver con nuestra responsabilidad —o irresponsabilidad—. El virus tiene un caldo de cultivo de más del 90 % de la población mundial para diseminarse. Esto pesa mucho, incluso suponiendo que, efectivamente, las altas temperaturas y la radiación solar jueguen a nuestro favor. Solo si nos concienciamos de que estamos muy lejos de salir del túnel, tenemos una oportunidad real de no volver a la casilla de salida con los hospitales colapsados y la mortalidad disparada —y no solamente de infectados directamente por el virus—. Echen un vistazo al MoMo del ISCiii y sabrán a qué me refiero. Por desgracia, la irresponsabilidad parece ser la tónica general, empezando por la tosquedad de nuestros políticos, pendientes únicamente de la intención de voto de sus parroquianos, ofreciéndonos el bochornoso espectáculo parlamentario del primer día del declarado luto oficial. Definitivamente, no sé si tenemos los políticos que nos merecemos, pero, desde luego, no los que se merece el momento histórico que estamos viviendo. La historia pondrá a cada uno en su lugar…, o no.[41] ¡Ah!, a aquellos que siguieron

---

41 Por desgracia, esta nota casi sobra. Ya conoce los hechos. Pocos meses después de escribir este último capítulo del diario pandémico ya estamos inmersos en la denominada segunda ola, con playas, restaurantes, calles, centros comerciales y toda la vida social que nos quitaron durante más de dos meses bullendo por nuestras venas. No tenemos remedio, ¿o sí? Por cierto, les mencioné una predicción de cómo será nuestra relación con el SARS-CoV-2 en un futuro. Según una publicación en *Science*, tras uno o dos años más, cuando la mayoría de la población esté ya inmunizada —de forma natural o por vacuna— y tengamos anticuerpos colectivos contra el virus, el patógeno circulará menos, infectando, sobre todo, a nuestros hijos pequeños, como los virus catarrales actuales, contribuyendo, prácticamente sin síntomas, a mantener la misma inmunidad social que hizo de la mortal gripe del 18 un mal menor —pero no pequeño— anual. El virus debería pasar a ser un virus estacional respiratorio más, a nivel de la gripe o, incluso, menor. De hecho, algo curioso que hemos comprobado es que las medidas de protección contra el SARS-CoV-2 lo han sido también contra el resto de virus respiratorios como el sincitial, otros virus catarrales o la consabida gripe —un par de casos aislados frente a miles en temporadas anteriores—. Dicen que, quizás, el nuevo intruso coronaviral podría pasar a dominar el panorama de los

mis problemas de salud desde el principio, comentarles que, finalmente, parece descartarse la posibilidad de que fuera la COVID-19 —he dado negativo por PCR y, mientras escribo estas líneas, estoy esperando los resultados del ELISA—. Una gastritis crónica producida por el estrés se abre terreno entre todas las opciones clínicas que barajan los facultativos. ¿Estrés? *What stress?* [42]

---

virus invernales; ¡sí, invernales! A pesar de haberse transmitido también durante el invierno, está claro que todos los índices epidemiológicos indican que a este mal bicho le gusta el fresquito del otoño-invierno, con más aglomeración en interiores, menos radiación solar, menos temperatura —más estabilidad—, menor humedad relativa en hogares, sistema inmune algo más lento, así como nuestra mucosa del tracto respiratorio superior. Todo esto, como diría aquel afamado presentador de los informativos televisivos con estrambóticas corbatas, lo sabremos «al filo de media noche»; en realidad, al filo del próximo año.

42   Solo indicar que, finalmente, me diagnosticaron una gastritis crónica y duodenitis producida por, ¡cómo no!, estrés.

Nos desconfinamos, ¿y qué?

«¡Hemos vencido al coronavirus!», dijo triunfante nuestro presidente del Gobierno un 10 de junio de 2020 para, posteriormente, el 4 de julio —Día de la Independencia de EE. UU.— acabar de rematarlo: «Ahora, tras el esfuerzo titánico, hay que salir a la calle, no dejarse atenazar por el miedo y recuperar la economía». Todo ello en un legítimo intento de levantar un ánimo social muy deteriorado tras una larga, larguísima cuarentena, miles de muertos —con o sin la COVID-19— y una bajada sin precedente en los índices económicos nacionales. Necesitábamos algo de esperanza. En clave política y con la bienintencionada, estoy seguro, idea de aportar una nota positiva con un panorama postconfinamiento ciertamente atractivo —que no lo hemos vuelto a ver— de menos de 20 casos de nuevas infecciones en 14 días y 100.000 habitantes —posteriormente llegamos a los 900—, se pueden entender estas palabras de Pedro Sánchez. Otra cosa es el efecto que, en realidad, tuvo en la sociedad días después con relajación de las medidas fundamentales de precaución, distanciamiento, higiene, mascarillas, hacinamientos, movilidad, playas, restaurantes... Poco duró el espejismo de haber superado, con sudor y muchas lágrimas, la horrible pandemia del siglo XXI —al menos, la primera de ellas—. Las luchas entre partidos políticos se recrudecieron más todavía —si es que esto fue posible—. Resultado: apenas

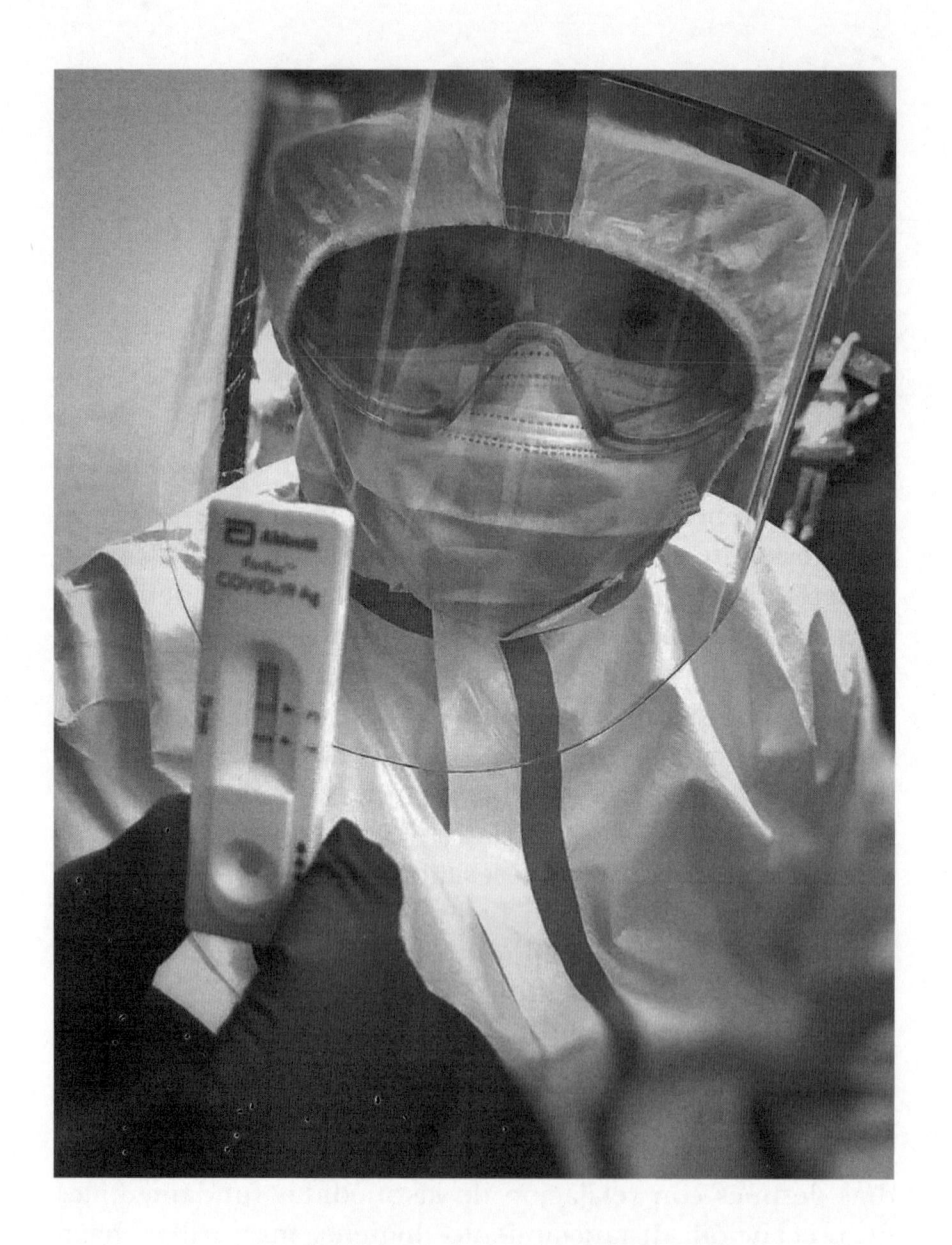

Test de la COVID-19. [Raquel Rodríguez Merlo, médico SUMMA112; Ismael Muñoz, enfermero SUMMA112; Ángel Hurtado, técnico SUMMA112]

un mes más tarde, ya a finales de julio, el virus, su dispersión, la siguiente ola, empezó a mostrar sus dientes. Desde entonces, no hemos bajado la curva de transmisión, la IA (incidencia acumulada a 14 días y por 100.000 habitantes) de 180. Tanto es así que, con estas cifras, diez veces más altas que cuando nos desconfinaron en junio, el ministro de Sanidad, Salvador Illa, llegó a decir, también triunfante hacia finales de noviembre del 2020: «¡Hemos vencido la segunda ola!». Poco después, los contagios volvieron a dispararse en casi toda España, justamente al tiempo que otro triunfalismo se lanzaba desde las filas de la oposición: «¡Ayuso ha vencido al coronavirus en Madrid!». La IA nacional llegó, en enero, a los 800 casos. La de Madrid pasó de los 900. Creo que nos sobran mensajes y consignas triunfalistas y nos falta responsabilidad institucional, social y, claro está, individual.

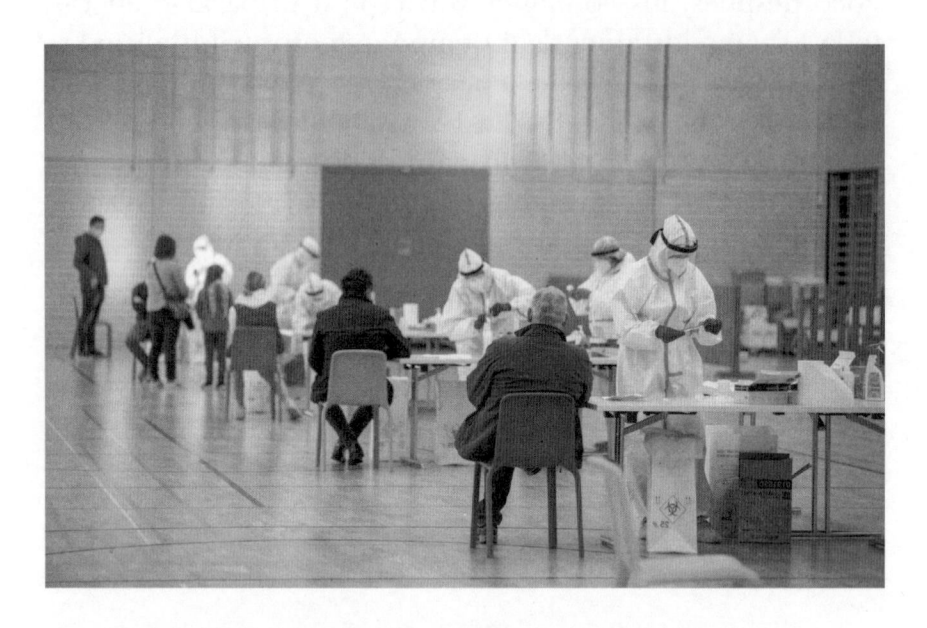

Durante los últimos meses se están produciendo
vacunaciones masivas en centros públicos.

Las vacunas: esos medicamentos que nos ponemos estando sanos

No se preocupe. Estoy lejos de hacerle una disertación, más allá de las pinceladas que ya le he dibujado, sobre los tipos de vacunas que están en desarrollo y sus diferencias moleculares. Simplemente, hacerle un par de comentarios y puntualizaciones sobre lo que, en realidad, significa poner una vacuna en el mercado en un solo año.

Hacia septiembre del 2020, en varios debates televisivos me preguntaban por los ensayos en humanos que ya se anunciaban como inminentes por compañías como Moderna, Pfizer/BioNTech o AstraZeneca/Universidad de Oxford. Se hablaba del inicio de una vacunación masiva hacia diciembre de ese mismo año —el año pasado—. Así nos lo dejaron caer desde el Ministerio de Sanidad. Una y otra vez repetía lo mismo a la pregunta de los periodistas sobre si eso era posible: ¡No me salen las cuentas! ¿Hacer tres fases de ensayos clínicos en humanos, evaluar los resultados, acreditar el fármaco, elaborarlo, envasarlo, distribuirlo y administrarlo, en 3-4 meses? Nada, nada, ¡imposible! ¿Imposible? Pocas veces me he sentido tan feliz de haberme equivocado en público como en esta ocasión, pero ¿cómo fue posible el milagro vacunal?[43]

Poner un medicamento en el mercado —sea un antiviral o una vacuna—, aunque sea por vías de emergencia, lleva, de media, muchos años o décadas. Desde que se diseña el compuesto en un ordenador, se convierte en una molécula física, empiezan los ensayos preclínicos en cultivos celulares, en animales, en varios modelos de animales y antes de pasar a las fases clínicas en humanos, podemos hablar de años. Luego vienen las fases clínicas I, valoración de la inocuidad del fármaco en unos pocos voluntarios; II, ver dosis, mejor forma de administración y eficacia en unos cuantos cientos de voluntarios, y, finalmente, la fase III, eficacia final, real, en una cohorte de muchos miles de voluntarios, a ser posible, internacionales. Estamos hablando de años, cinco, diez... Finalmente, si todo ha ido bien —a este punto suele llegar menos del 1 % de los proyectos que, como caballos, salieron en esta loca carrera años atrás—, las agencias de acreditación internacionales como la FDA estadounidense (*Food and Drug Administration*), la EMA europea (Agencia Europea del Medicamento) o su homóloga española, AEM, valoran los resultados y, entonces, y solo entonces, el medicamento se produce, se envasa, se distribuye, se administra. ¿Entonces? Entonces llega la pandemia y decenas de países, empresas farmacéuticas, miles de proyectos, miles de investigadores, miles y miles de millones de euros, dólares, libras —ponga usted aquí la moneda de su preferencia— en inversión a fondo perdido —o no tan perdido—, fases que se solapan, valoraciones que se hacen minuto a minuto, envasado que se produce todavía sin la aprobación final y compra de millones

---

43   Solo indicar una cosa. Aunque muchos iluminados mal llamados divulgadores científicos y algún que otro científico y médico llegaron a advertir de los efectos adversos y peligrosos de las vacunas, algo estaba más que claro: la vacuna que llegara a nuestro brazo habrá pasado, y así ha sido, todos, absolutamente todos los controles preceptivos de calidad que imperan para cualquier fármaco. Esa línea roja nunca ha sido, ni puede serlo, traspasada).

y millones de dosis sobre plano —como muchas viviendas— ¡obran el milagro! Y yo, tan contento por tener que comerme mis palabras. Tal y como ya hemos indicado, las primeras vacunas en llegar a nuestros brazos, a dos dosis, han sido las de ARN de Pfizer (mantenimiento a -80 °C), Moderna (con tres veces más cantidad de ARN por dosis y mantenimiento a -20 °C) y la de adenovirus de chimpancé AstraZeneca (a temperatura de refrigeración de un frigorífico normal). Otras vacunas ya encargadas y pagadas por los diferentes países en febrero del 2021 han sido las de Novavax (protéica), Janssen (adenovirus humano). Además, Curevac o Sanofi siguen la estela muy de cerca. Por su parte, desde Rusia o China, vacunas como la Sputnik de adenovirus humano o varias con el coronavirus inactivado están siendo ya probadas, con algo menos de transparencia que las anteriores, en varios países.

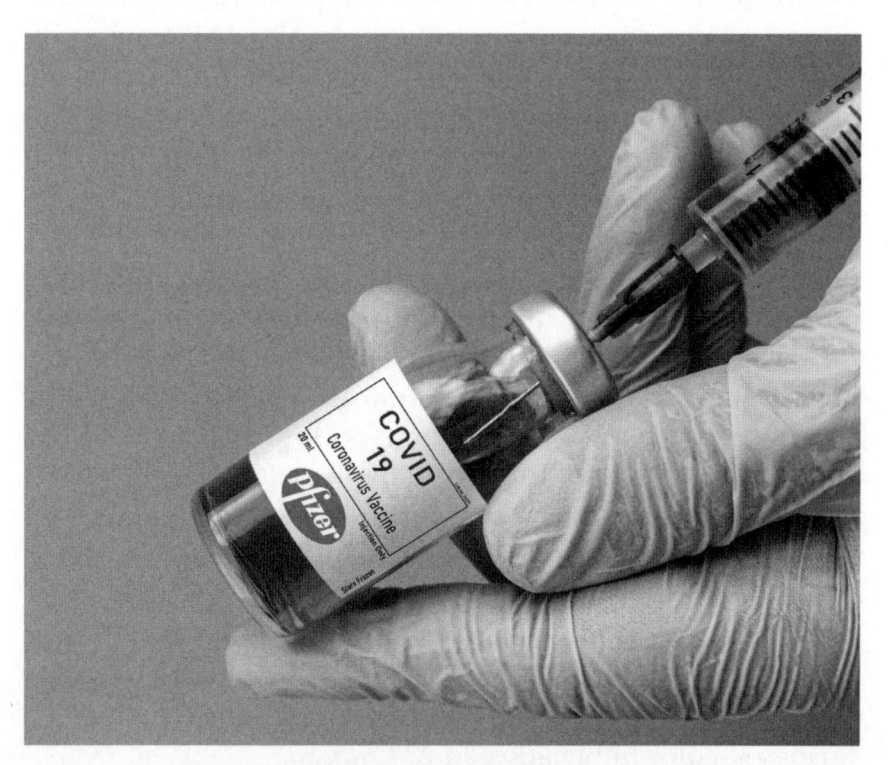

Vacuna Pfizer de ARNm contra la COVID-19.

Mientras tanto, mientras que la ciencia sigue inexorablemente avanzando, pasito a pasito, con sus aciertos y sus errores, en la sociedad se está produciendo otra transformación grandiosa. A medida que va avanzando el programa vacunal en todo el mundo y tras la vacunación de millones y millones de seres humanos sin que se haya —al menos aparentemente— zombificado o transgenizado ningún hijo de vecino, el porcentaje de ciudadanos y ciudadanas dispuestos a ponerse la vacuna ha pasado de menos del 30 % en noviembre del 2020 a más del 70 % en febrero del 21. Y eso que, al contrario de la invariable, inmutable, «infalible» pseudociencia, la realización de las fases clínicas de cualquier medicamento —no solo vacunas— suele producir, puntualmente, efectos adversos que requieren una meticulosa comprobación. Así ha sido siempre con prácticamente todos los medicamentos que llegan a las farmacias —no tiene más que leer los prospectos de cualquiera para comprobarlo—. Otra cosa es que esta pandemia haya convertido al más mínimo proceso de desarrollo farmacológico/vacunal en un espectáculo de masa, analizando minuto a minuto y en todos los medios de comunicación del mundo cualquier contratiempo, por minúsculo que fuera. Aquí, simplemente añadir que, tras las fases clínicas mencionadas anteriormente, se abre otra fase tanto o más importante, la fase IV. Una vez que el fármaco está ya en la sociedad, que nos han puesto la vacuna, se analizará durante años cualquier efecto adverso que pudiera aparecer y que, por número de voluntarios o tiempo, no hubiera sido observado en las anteriores fases clínicas. Esto es así con cualquier compuesto. Incluso se ha llegado a dar el caso de que, en esta fase cuarta, algún producto ha tenido que ser retirado del mercado. ¿Recuerda la Talidomida?

La vacuna de AstraZeneca tuvo que parar sus ensayos clínicos varias veces por detectarse algunos síntomas adversos en varios voluntarios. Esto retrasó su marcha meteórica y ventaja que tenía sobre sus competidoras. Así lo comenté en varios artículos publicados en *El Cultural*.

29 DE SEPTIEMBRE 2020. ¿UNA VACUNA BAJO PRESIÓN? ¡VACÚNEME DESPACIO, QUE TENGO PRISA!

El contratiempo de la vacuna de AstraZeneca ha frustrado en cierta medida las expectativas del proyecto de Oxford. Especialmente las de algunos políticos que ya se habían atrevido a poner fecha de vacunación. ¿Se ha «pinchado» la burbuja de una vacuna temprana? ¿Puede la ciencia asumir esta presión? ¿Es buena la carrera desenfrenada entre varios proyectos? ¿Hasta qué punto puede resultar peligroso reducir plazos y saltarse los protocolos habituales?

Mielitis transversa o síndrome de Guillain-Barré son dos procesos inflamatorios que pueden causar daños neurológicos severos, aunque, en la mayoría de los casos, el paciente acaba recuperándose. Ambas patologías no son desconocidas —muy infrecuentes, eso sí— dentro de los efectos adversos que, en contadas ocasiones, algunas vacunas, así como la propia infección viral, pueden producir. Lo normal es que más allá de unas décimas de fiebre o malestar pasajero, el proceso de vacunación no produzca secuela alguna. Para eso están las fases clínicas; las cuatro, si contamos también el seguimiento de los efectos secundarios a largo plazo observados tras la distribución de la vacuna entre la población.

Desde la fase preclínica, previa a los ensayos mencionados, hasta que una vacuna, quizás el único medicamento que recibimos estando sanos, acaba en nuestro brazo —o boca—, puede llegar a transcurrir más de una década. Cinco años ya sería un logro. Uno, en fin, un hito sin precedente en la historia. Y aquí estamos, con la mayor catástrofe sanitaria de los últimos 100 años y cerca de una decena de empresas empeñadas en que, contra todo pronóstico, nos tomemos el turrón vacunados contra un virus cuya primera secuencia genética tuvo lugar en el ya lejano mes de enero. Se están pulverizando todos los récords y, con ello, estamos empujando mucho, en esa balanza riesgo-beneficio, hacia el lado izquierdo. Desde la Universidad de Oxford, copartícipe, junto con la empresa AstraZeneca de la vacuna que presuntamente íbamos a tener ya en nuestro «quiosco» nacional a finales de año, y tras el breve parón técnico en el ensayo clínico 3 por una mielitis trasversa sufrida por una voluntaria vacunada, han recogido velas y puntualizado que, quizás, vacunación, vacunación, lo que se dice vacunación en sí, masiva, no se producirá hasta después del verano del 2021. Sea como fuere, el hecho de que se hiciera pública la adversidad inflamatoria durante la valoración de los primeros 30.000 vacunados significa que el sistema parece funcionar; que el control clínico y científico está engrasado, aunque, recordemos, hay que hilar muy fino para garantizar que un producto que podría acabar en cientos de millones de seres humanos no ofrezca la menor duda de su efectividad, seguridad e inocuidad.

Y mientras tanto, Janssen, compañía farmacéutica de Johnson & Johnson, ha comenzado su fase clínica 2 con unos 500 voluntarios sanos de varias franjas de edades; cerca de 200 son españoles. En modelos animales se ha mostrado robusta, dicen los responsables de la empresa. El ensayo determinará, además de su eficacia activando la respuesta inmunológica, si con una dosis bastaría. No es la vacuna más avanzada, pero hasta ahora todas las pruebas se están superando con nota. Otras vacunas, como la de Moderna, que el presidente de EE. UU. presiona para ponerla en el mercado antes de las elecciones presidenciales del próximo mes de noviembre, o la de Pfizer-BioNtech, tienen, además, el hándicap de ser innovadoras en su concepción por utilizar moléculas de ARN como base vacunal. Por su lado, Rusia sigue con más secretismo que certezas con su propia vacuna —que ya ha registrado, por cierto— y China con, al menos, tres candidatas avanzadas.

Muchos caballos corriendo en esta lucha sin cuartel pretenden llegar a una meta histórica que encumbre a sus jinetes —se habla de algún Premio Nobel—. De hecho, nada impedirá que varios de ellos —varias vacunas— crucen la meta juntos. Pero todo a su tiempo. No debemos quemar etapas sin asegurarnos de tener un producto fiable, y los políticos deberían tenerlo en cuenta. Si vendemos una piel de oso antes, siquiera, de entrar en la gruta, podemos generar una euforia social que vaya acompañada de un relajamiento de las medidas que, hoy por hoy, son las verdaderamente efectivas: higiene, distanciamiento, mascarillas. ¿No fue don Alonso Quijano quien dijo aquello de «Sancho, vísteme despacio que tengo prisa»? —creo que Cervantes nunca escribió tal cosa—.

20 DE NOVIEMBRE 2020. VACUNAS MÁS EFECTIVAS... ¡Y DOS HUEVOS DUROS!

Todavía recuerdo cuando era niño —tengo que profundizar mucho en mi memoria para ello— haber visto la película *Una noche en la ópera* de los hermanos Marx. Lógicamente, no la vi de estreno, en 1935, ni tampoco la visualizo nítidamente, a excepción de la ya mítica escena del camarote. En ella, destacar un momento, el momento de Chico: «... ¡y también dos huevos duros!». ¿Por qué empezar con esta referencia cinematográfica? No sabría decirle, pero, cuando hace algo más de una semana le escuché proclamar a un directivo del grupo farmacéutico Pfizer/BioNTech que su vacuna de ARNm, además de suponer el mayor hito del último siglo —ganando, de paso, casi cinco millones de dólares en bolsa con el anuncio—, era eficaz al 90 %, dos días más tarde, oyendo a otro directivo, en este caso del instituto ruso Gamelaya, asegurando que su Sputnik V, doble vacuna de adenovirus recombinante, ofrecía hasta un 92 % de efectividad y, finalmente, hace escasamente un par de días, desde la compañía Moderna/NIAID, asegurándonos que su fármaco preventivo, también ARNm, subía la apuesta de seguridad hasta cerca del 95 %, inconscientemente grité: «¡Y dos huevos duros!».

Todo lo descrito hasta ahora hace referencia a los últimos tres días —que, según parece, ya es pluscuamperfecto—, puesto que ahora la propia Pfizer eleva, tras un análisis más completo, la eficacia de su producto unas décimas por encima de la de Moderna y, ¡cómo no!, felizmente reaparece la ya casi olvidada farmacéutica AstraZeneca, de la mano de la Universidad inglesa de Oxford, para ofrecernos un producto, su propuesta vacunal ChAdOx1 nCoV-19, basada en un adenovirus de chimpancé como vector —diferencia importante con respecto a la vacuna rusa—, afirmando que es, incluso, muy segura en adultos de hasta más de 70 años —ensayos realizados, de momento, en personas sanas—. Esto sí que son «dos huevos duros». Eso sí, en este último caso, los huevos han venido envueltos en una de las mejores revistas médicas del mundo, *The Lancet*.

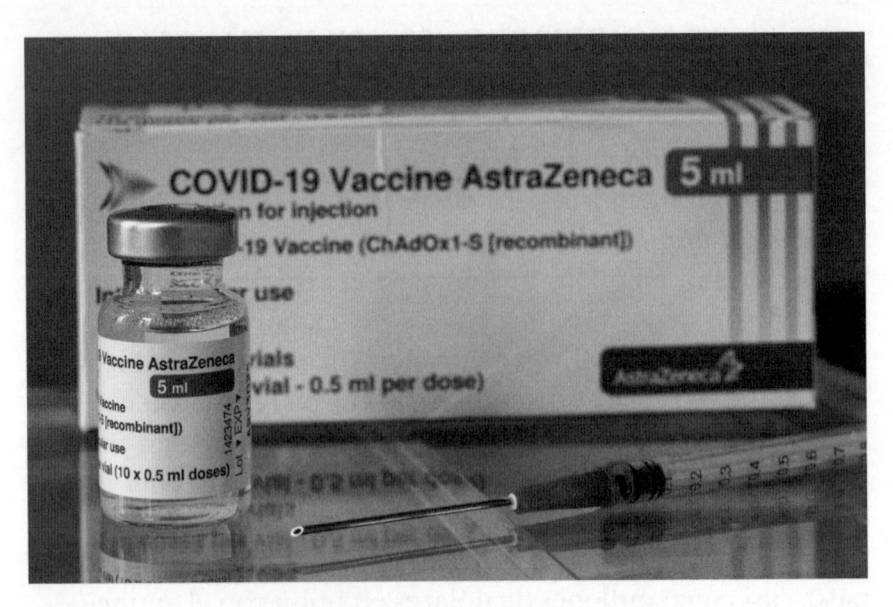

Vacuna AstraZeneca de adenovirus
recombinante contra la COVID-19.

Eso sí, a excepción de lo que se acaba de mencionar de la Universidad de Oxford, prueba clínica publicada internacionalmente y realizada con medio millar de voluntarios, todos estos anuncios se hacen de cara a la galería; galería social, galería bursátil, galería política, pero, de momento, no a la galería científica, en forma de artículo en revista indexada de las evaluadas por pares científicos. Soy el primero en querer ser optimista. Necesito ser optimista, necesitamos aportar nuestro granito de esperanza en esta singularidad histórica donde se está viviendo minuto a minuto, como si de un reñido partido de tenis se tratara, la evolución de cada una de las fases clínicas —solapadas hasta acortar una década a poco más de un año— de todos los proyectos vacunales, más de una decena, que ya empiezan a ensayarse en humanos. Estamos siguiendo con interés y como nunca antes cualquier contratiempo que las diligentes agencias de supervisión epidemiológicas notifiquen sobre este o aquel ensayo. Pero, ¿hay motivos para el optimismo? ¡Desde luego! También para la prudencia. Vayamos por partes…

Tanto la vacuna de Pfizer como la de Moderna son innovadoras, basadas en el material genético del virus, el ARN. Previamente, otras vacunas contra otros patógenos se habían desarrollado con ADN, el material genético de cualquier ser vivo —los virus no lo son—, con fragmentos del virus o incluso con simples proteínas víricas. Nunca con ARN mensajero. De hecho, ambas compañías han apostado por un fragmento del genoma viral que codifica la famosa proteína S —*Spike*—, la proteína de la espícula que da la forma de corona al SARS-CoV-2 y que ha sido identificada como la llave que utiliza el coronavirus para entrar en su célula diana; en su huésped. El problema estriba en que el ARN, al contrario del ADN, es un material muy lábil, inestable, y tiene una vida media corta. Pfizer utiliza nucleótidos —las unidades de las moléculas del ácido nucleico como el ARN— modificados para intentar dotarlos de mayor estabilidad. Ambas vacunas, Pfizer y Moderna, han «embotellado» su molécula vacunal en nanocápsulas para facilitar su administración y estabilidad mientras alcanza el humano citoplasma celular donde «secuestrará» la maquinaria ribosomal que sintetizará la proteína —parte de ella— de la espícula viral. Primer problema: la inestabilidad de estas moléculas obligan a trabajar a bajas temperaturas; muy bajas. Pfizer habla de cerca de -80 ºC, mientras que Moderna saca pecho con su vacuna supuestamente viable a «solo» -20 ºC. Ambas temperaturas se me antojan un serio impedimento para la distribución mundial del medicamento. Por otra parte, Moderna tiene un hándicap con respecto a su competidora: su vacuna encapsula 100 microgramos de ARNm —que hay que producir, con lo que ello conlleva—, algo que, dicen los expertos, le podría permitir trabajar a una temperatura mayor que Pfizer, puesto que «se podría permitir el lujo de perder parte del producto antes de que llegue al usuario». Pfizer encapsulará 30 microgramos de ARNm por dosis.

Hasta aquí, las diferencias. Ahora, las incertidumbres. A falta de que se publiquen los resultados para una revisión por pares científicos, seguimos sin saber si la vacuna neutraliza al virus, evita su diseminación o protege únicamente —que no es poco— de la clínica y síntomas más graves. Tampoco sabemos, lógicamente, si será apta o no para todos los sectores poblacionales ni cuánto podrá durar la inmunidad. Al parecer, se han contabilizado en los ensayos clínicos aquellos voluntarios que presentaron síntomas y dieron positivo por PCR. No está, por lo tanto, claro cuántos asintomáticos pudieron haberse infectado sin computar entre las decenas de miles de voluntarios.[44]

---

44 Varios meses más tarde de tanta incertidumbre tenemos certezas. La investigación que ha llevado a producir una vacuna de ARN no comenzó ayer —ni el año pasado—. La capacidad de modificar un ARN para que no sea degradado en una célula, se traduzca en la proteína que queremos, se transporte, la proteína, a la superficie de la célula para ser presentada al sistema inmunológico y activarlo, se mantenga estable también fuera de la célula en nanocápsulas y, finalmente, pero no por ello menos importante, tener que modificar algunos nucleótidos —unidades del ARN— para que nuestras defensas intracelulares no lo degraden, lleva desarrollándose en los laboratorios del mundo décadas. Una vacuna no se improvisa de la noche al día. Todas las incertidumbres son legítimas. Las luchas bizantinas entre las compañías farmacéuticas por vender «la moto» de una mayor eficacia, lícitas y lógicas. Las incertidumbres sobre si las vacunas son esterilizantes, es decir, impiden la dispersión del virus y futuras infecciones y transmisión desde vacunados, siguen valorándose. Son muchas las dudas, pero ahora, con millones de vacunados, también son muchas las certezas sobre lo que ha supuesto el gran hito del año, de la década, del siglo y, quizás, del milenio. Y ya que hablamos de hitos, la revista *Science* definió a la vacuna contra el coronavirus, lógicamente, como hito del 2020. «El Cultural», revista que todos los años hace sus propios pronósticos a «hito», también acertó. He aquí mis apuestas (2 de enero 2021). Hitos del año:

1. Vacunas en 12 meses
Hace escasamente un año puede que el SARS-CoV-2 ya estuviera dispersándose silenciosamente entre nuestra especie, pero hasta comienzos del 2020 desconocíamos su naturaleza. No han pasado 12 meses desde la publicación de la primera secuencia de su genoma de ARN y ya están acreditándose y aprobándose por las agencias del medicamento internacionales las primeras posibles vacunas —seguramente Pfizer, Moderna y AstraZeneca—. Como un acordeón sin aire, hemos acortado el periodo hasta disponer de una vacuna virtualmente efectiva de cerca de una década a menos de un año. Estamos, pues, ante dos hitos históricos. Uno, luctuoso, una pandemia mundial que, a todas luces, supondrá un cambio del paradigma de la cultura mundial humana. Otro, esperanzador, la capacidad de reacción científica —con una, también histórica, aportación económica— ante una amenaza virológica. Esperemos que tanto esfuerzo y coordinación mundial no caiga en saco roto.

2. Fusión de dos monstruos negros
Hace escasamente unos meses se daba a conocer la fusión de dos agujeros negros para constituir otro supermasivo, detectado, a través de

Lo dicho, optimismo, esperanza, pero también prudencia, quemar etapas con análisis serios, menos triunfalismos para la galería sin, claro está, ¡... dos huevos duros!

---

la generación de ondas gravitacionales, por las colaboraciones científicas Virgo (Italia) y LIGO (EE. UU.). Las dos singulares cósmicas tenían un tamaño de 55 y 85 masas solares, generando un monstruo de 142 masas solares, superior a los tamaños observados hasta la fecha, algo que, según los astrofísicos, supone un hito sin precedentes. Esta fusión, además, ha generado ondas gravitacionales capaces de ser detectadas desde la Tierra. Cuando consideramos que la vida es efímera, no imaginamos los tiempos de detección de los mayores cataclismos cósmicos: 0.1 segundo para captar una señal tras un trabajo de más de 15 meses. Ahora, todos los radares, telescopios y detectores escudriñan nuevos retos del universo.

3. NO PUDO SER. SEGUIMOS SIN NOBEL ESPAÑOL

Aunque las quinielas estaban en contra, algunos no perdimos la esperanza de conseguir el segundo Nobel en Medicina-Fisiología 100 % español. Nuestro bioquímico alicantino, Francis Mojica, se quedó fuera del galardón, y eso que, finalmente, quedó una plaza vacante —hasta tres científicos pueden ser premiados con el mismo Nobel—. Tal y como ocurrió previamente con el premio Princesa de Asturias, la academia sueca ha decidido reconocer exclusivamente el gran trabajo llevado a cabo por las investigadoras Emmanuelle Charpentier y Jennifer A. Doudna sobre las aplicaciones biotecnológicas del sistema de edición genética CRISPR. De nada sirvió que fuera nuestro profesor alicantino quien acuñara las siglas, en inglés, de «repeticiones palindrómicas cortas agrupadas y regularmente interespaciadas» tras estudiar el mecanismo por el cual algunas bacterias se volvían inmunes a la infección por fagos. Sea como fuere, la edición de genes mediante CRISPR supone, indiscutiblemente, uno de los mayores hitos de lo que llevamos de milenio.

4. SECUENCIA RÉCORD DE UN VIRUS EMERGENTE

Al menos oficialmente, el pasado 31 de diciembre del 2019 se notificaba, desde China, la aparición del primer caso de lo que se convirtió en la pandemia del siglo. Solo una semana después, el virus fue aislado, publicándose su secuencia génica el 12 de enero. Todo un récord. Desde entonces, todo ha sido un hito: la aparición de miles de artículos científicos mes a mes, el colapso de hospitales por todo el mundo, la secuencia de miles de genomas víricos haciendo un seguimiento, día a día, de nuevas variantes. También ha supuesto una novedad la coordinación científica mundial, la inyección económica, el acortamiento de los plazos de elaboración de vacunas y, ¡por qué no!, la comunicación social de una pandemia minuto a minuto.

¡Hemos vencido al virus! ¿Y qué más?

Según publicaron, en titulares, desde la página de presidencia del Gobierno, «Pedro Sánchez afirma que la unidad de la ciudadanía y las instituciones ha permitido vencer al COVID-19», Congreso de los Diputados, Madrid, miércoles 10 de junio de 2020. El comunicado continuaba: «El presidente del Gobierno ha subrayado en el Congreso de los Diputados que la aplicación del instrumento constitucional del estado de alarma ha permitido salvar vidas (450.000). Además, ha abogado por fortalecer el sistema de salud pública y por dar una respuesta a la crisis "en positivo, sostenible e inclusiva"». A partir de julio empezamos ya a observar una nueva tendencia al alza en el número de nuevos casos y brotes controlados, al principio, transmisión comunitaria, después. Fiestas, playas abarrotadas, discotecas, bares, restaurantes, gimnasios llenos, como si no hubiera un mañana. El 20 de mayo publicaba el BOE la orden que regulaba el uso obligatorio de mascarilla, a partir de los seis añitos, cuando sea posible mantener la distancia interpersonal de dos metros. Los casos subían sin cesar. Posteriormente, a mediados de agosto, el uso de la mascarilla se hacía obligatorio también en espacios abiertos. Las fiestas, legales o ilegales, calles, playas, hostelería con sus restaurantes, hacinados seguían siendo la tónica general. El turismo, tímidamente, hacía acto de presencia. «¡Salvar el verano!», se dijo. Fuimos el primer país en informar de la segunda curva en pleno verano cuando se suponía que las altas temperaturas y la luz U. V. actuarían contra la viabilidad del virus. Eso es cierto, pero también es cierto que en esa lucha entre la capacidad de dispersión del virus entre humanos vírgenes inmunológicamente hablando y las condiciones climáticas adversas, la balanza se inclinó del lado del patógeno. Ya por entonces se hablaba de las primeras variantes, como la D614G, ya presente en todos los virus secuenciados del mundo, o la A222V, supuesta mutación española aparecida en temporeros en Aragón que acabó expandiéndose por toda Europa. Los casos aumentaban y aumentaban. El virus pasó de nuevo a dispersarse comunitariamente, descontrolado, con poca trazabilidad, difícilmente rastreable. ¡No salvamos el verano!

A mediados de diciembre, el portavoz del Partido Popular decía en una entrevista en televisión española: «En Madrid sí existe un comité de expertos. Han asesorado correctamente a Isabel Díaz Ayuso —presidenta de la comunidad autonómica—, que ha vencido al virus en Madrid y al virus de la ideología extrema». Curiosamente, se hacían estas declaraciones con una incidencia acumulada (IA) de 262 casos por cada 100.000 habitantes. A partir de ese momento, la incidencia volvió a crecer hasta acercarse a los 1000 casos. «Salvemos la Navidad», se decía alegremente. Nunca logramos vencer a la segunda ola pandémica. Cuando se proponía desde el Gobierno de la nación con medidas bastante laxas tener unas fiestas navideñas relativamente seguras con menos de 25 casos por cada 100.000 habitantes, nos enfrentamos al puente de la Constitución del 6 de diciembre con algo menos de 200 de IA. A partir de ahí, la curva volvió a ascender en todo el territorio. ¡No salvamos la Navidad![45]

---

45   Tengo familiares muy cercanos dueños de pequeños bares; mi propio hijo colabora con gimnasios; me gusta como al que más mis fines de semana de tapeo con los amigos —hay semanas aciagas de trabajo que sueño con ello—; incluso llevo abonado al gimnasio de la UAM desde hace décadas. Puedo afirmar sin miedo a equivocarme que soy el principal defensor de nuestra hostelería —posible patrimonio cultural de la Unesco— y de los centros deportivos —pádel, natación, cardio, algunos aparatitos «de tortura», esquí y otras delicias—. El problema es que la situación pandémica, epidemiológica, es la que es. El virus es aéreo, por aerosoles que se acumulan allí donde hablamos en voz alta —o discutimos—, hacemos deporte, sudamos, nos movemos, estamos cerca de no convivientes largo tiempo, comemos, descuidamos los principios de distancia y mascarilla, no siempre con perfecta y acreditada ventilación. La realidad, aunque muy dura, es tozuda a interpretaciones más interesadas que basadas en hechos científicos. La realidad, con un virus grupal, de transmisión en *clusters* y un índice de difusión tan bajo, no es compatible con la vida social tal y como la conocíamos. Algo debemos estar haciendo mal cuando nos estamos convirtiendo en el foco del denominado «turismo de tapeo», con aviones cargados de jóvenes inconscientes que vienen al desenfreno que no les está permitido, por las medidas coherentes de restricción, incluso con menos índice de transmisión del virus, en sus respectivos países, Francia principalmente. Es muy doloroso, lo sé, tremendamente injusto, lo sé, una tragedia para tantas y tantas familias, soy consciente, pero, con todo el dolor que la situación genera, si no salvamos los hospitales y, contra el colapso, vidas humanas, no tendremos economía, ni restaurantes, ni tapeo, ni turismo que salvar. En su momento, desde el mundo de la salud pública, la virología, la epidemiología, la sanidad, incluso desde la economía, se hablaba de restricciones, confinamientos inteligentes, selectivos, quirúrgicos, de una o dos semanas para producir una desconexión de la transmisión viral. En lugar de eso, nuestros gobernantes, ya sean nacionales o territoriales, abogaron por convivir con el virus, por ir siempre detrás de sus intenciones, aumentando o disminuyendo las medidas —y el sufrimiento de los abnegados empresarios— según los índices: ahora, con unas mamparas solucionamos la hostelería en interiores; ahora, cerramos; ahora abrimos, pero ponemos unos purificadores con filtro HEPA; ahora cerramos; ahora disminuimos el aforo en interiores y jugamos con el exterior, cediendo espacio municipal para terrazas acristaladas —que acabaron siendo nuevos espacios cerrados—; ahora cerramos. Lo dicho, completamente inhumano y trágico. En cuanto a las ayudas al sector, completamente justas y necesarias, adolecen de la agilidad que pueden tener en otros países. Al parecer, en nuestro país apostamos la inmensa mayoría de nuestra economía a dos patas, el turismo, ya sea internacional o interno, y al ladrillo. Al igual que en la Irlanda de la Gran Hambruna [*The Great Famine*] de 1845, debido a la apuesta alimentaria por un solo tipo de patata que resultó destruida por la plaga de tizón

Desde entonces, poco cambió ni en el aspecto político ni en el epidemiológico. Luchas bizantinas entre los diferentes partidos, medidas y contramedidas entre el Gobierno central y las diferentes comunidades, aunque, para hacer honor a la verdad, pocas fueron tan beligerantes y erráticas en sus medidas, casi siempre contrarias a las propuestas desde el Ministerio de Sanidad —incluso desde el resto de comunidades—, como la Comunidad de Madrid. Si se planteaba un cierre perimetral desde el Centro de Coordinación de Alertas y Emergencias Sanitarias, Ministerio de Sanidad, Consumo y Bienestar Social, desde Madrid se denunciaba, apostando por cierres y confinamientos de algo difícilmente comprensible —y practicable— por la ciudadanía como las áreas sanitarias; si se proponía un toque de queda a las 22:00 o la restricción de la hostelería —medidas que incluso llegaron a parecer insuficientes por otras comunidades de todos los colores políticos, quienes solicitaban una ampliación del segundo estado de alarma para poder imponer a sus ciudadanos mayores restricciones—, Madrid se declaraba oficialmente defensora de la economía sobre la salud, protegiendo a restaurantes y hostelería en general del cruento cierre, llegando a ser la región de toda Europa más permisiva, provocando, inverosímilmente, el denominado «turismo de tapeo», vuelos desde Francia de ciudadanos galos que, huyendo de las restricciones de su país —¡con menos de la mitad de la IA que España!—, y por un módico precio de menos de 200 euros, tenían fiesta y hotel en la capital de España. Se aludía, para estas medidas, a la supuesta falta de artículos científicos que claramente apuntara a los restaurantes como focos

---

tardío, rancha o mildiú de la patata —el protista *Phytophthora infestans*— provocando un millón de muertes y otro de migración forzada, el PIB que representa nuestro tejido industrial hostelero se acerca al 19 %, frente al 1 % de Alemania; salvar dicho sector en estas condiciones resulta, aunque necesario, tremendamente complicado sin desequilibrar aún más el resto de la «cesta» presupuestaria. Es todo un trágico drama, pero mucho más es, si se me permite el casticismo doloroso, «marear la perdiz» con medidas y parches parciales que no redundan en la recuperación del sector ni tampoco en el control de la pandemia.

de transmisión del virus. De nada pareció servir el gran número de *papers* científicos que sí apuntan en esa dirección, como un *Nature* del 10 de noviembre que, mediante un seguimiento por teléfonos móviles sí señalaba a restaurantes y gimnasios como posibles focos de transmisión del virus —si alguien desea hacer una búsqueda bibliográfica, recomiendo el motor de búsqueda PubMed.com (https://pubmed.ncbi.nlm.nih.gov/). Lógicamente, y con el virus tan disperso y descontrolado, se calcula que hasta el 60-80 % de los casos detectados son muy difíciles de rastrear y trazar su origen. No obstante, no hay que recurrir más que al sentido común: el virus se transmite por el aire; un artículo de febrero en *Nature* deja claro que los aerosoles, la transmisión aérea, es la vía principal de la dispersión de un virus respiratorio, por encima de la contaminación de fómites, superficies inanimadas. En lugares donde se suele estar sin mascarilla, en interiores, con no convivientes a poca distancia, hablando, cantando, comiendo durante largo rato, con cierta aglomeración de desconocidos, ventilación suficiente —o no—, la transmisión de un virus grupal como el SARS-CoV-2, con un factor K, de dispersión, de 0,1, está más que cantada —si me permiten la ironía—. Otra cosa es que estas personas infectadas, como las que lo hagan en otras reuniones sociales, en fiestas ilegales, botellones, pero también en el trabajo y en otros lugares con aglomeración humana, se lleven la infección a sus hogares y, posteriormente, el brote detectado y sí trazado —y contabilizado— sea el intrafamiliar. Como en aquel chiste de un borracho que buscaba sus llaves bajo una farola no porque las hubiera perdido allí, sino porque había más luz, estamos iluminando en el lugar equivocado, pero fácil de computar: el hogar. Ya al principio de la pandemia se publicaron artículos con múltiples contagiados desde los denominados supercontagiadores, lo que quiera que esto signifique —se especulaba con personas asintomáticas, con alta carga viral y vida social muy activa— en autobuses, iglesias durante cantos de góspel o clases de zumba. Sea como fuere, está claro que solo con medidas muy restrictivas

—cuanto más restrictivas, menos tiempo y, con ello, menos repercusión económica— podemos abordar curvas de transmisión desorbitadas. Jugar a «pillo pillo» con el virus, al contrario de las estrategias en China o Australia, por ejemplo, yendo siempre por detrás de él, hacemos mucho más daño a la hostelería, al resto del comercio, a la economía y, sobre todo, a la salud.

Ya durante las fiestas navideñas, con todas las calles de cualquier ciudad española iluminadas con millones de lucecitas, árboles y adornos a cuál más llamativo, desde las distintas Administraciones se lanzaban las consignas contradictorias de «Salga a consumir, a revitalizar la maltrecha economía», mientras se pedía precaución, protección y autoconfinamiento. Algo así solo puede venir desde la política, nunca desde la ciencia, y menos desde la sanidad, con hospitales densamente «poblados» de pacientes COVID hasta el punto de llegar casi al colapso a finales de enero —algo que no solamente ocurrió en España, sino en Portugal, que vivió una primera ola bastante benigna, o grandes potencias como Inglaterra o Alemania—. Por si fuera poco, a finales de enero, siendo nuevamente de los países del mundo con mayor tasa de transmisión del virus, ya empiezan a volver los cantos de sirena, desde el mundo de la política, insinuando que ¡podremos salvar la Semana Santa!, que tal y como vencimos a la segunda ola —que nunca lo hicimos—, salvaremos la tercera, quizás la más cruenta de lo que llevamos de pandemia con la incorporación de nuevos actores, no invitados, muy peligrosos: las malditas variantes británicas, brasileñas, sudafricanas y, ya puestos, las de Jalisco, en México, o las danesas procedentes de los visones; virus con mayor capacidad de dispersión —y por ello mayor índice de mortalidad por cada millón de habitantes— y algo más resistente a nuestras defensas inmunológicas y al poder protector de las actuales vacunas. Nada de esto parece asustar a nuestros representantes políticos que, ni cortos ni perezosos, se desmarcan con la convocatoria de elecciones en Cataluña para febrero, contra todo punto de sensatez, claramente con sus cálculos electoralistas, desafiando al sentido común y a unos hospitales, y héroes sanitarios —premiados con el Princesa de Asturias 2020 a la Concordia— que ya tienen que cancelar o atrasar operaciones y tratamientos tan urgentes como los de oncología, permitiendo, ¡de locos!, que para dicho derecho constitucional de ir a votar los infectados podrán salir a la calle, pasearse en transporte público, entre otras personas, acudir a su colegio electoral y votar… ¿Y el derecho a la salud; a la vida? Desde luego, cuando la política —aquí con minúscula— con medidas como estas entra por la puerta, el sentido común, la lógica y hasta diría que el respeto por la ciudadanía salen por la ventana. Llegados a este punto, quiero hacer mías las palabras del director ejecutivo del Programa de Emergencias Sanitarias de la Organización Mundial de la Salud (OMS), Mike Ryan, quien señaló, tras ser preguntado acerca del confinamiento perimetral de la ciudad de Madrid por la situación de la COVID-19, en diciembre del 2020 —aunque lo podemos hacer extensivo a todo lo que estamos contando—, que «cuando los Gobiernos difieren, la gente muere», recomendando coordinación y armonía entre administraciones. ¿Le parece, viendo lo que estamos viendo, posible? ¡Pues eso!

Marchando un bazar de progresos y desprogresos

Tal y como ya hemos indicado, desde el principio de la pandemia empezaron a brotar, como setas tras el chirimiri gallego, además de iluminados y expertos en virus, pandemias y divulgación, publicaciones supuestamente científicas en revistas principalmente sin revisión por pares. Vamos, que cualquier hijo de vecino podía aportar su granito de arena sobre la teoría más disparatada sobre la propagación del virus, sus efectos, su control, su tratamiento... Para ser justos, poco a poco, también fueron apareciendo verdaderos artículos brillantes, de los denominados «indexados», algunos de ellos en las mejores revistas científicas del mundo, como *Science, Nature, PNAS* y otras delicias, envidias del que les escribe —aunque, con 11 artículos publicados en revistas con revisión por pares durante el 2020 y lo que llevamos del 2021, nuestro laboratorio tampoco puede quejarse—.

Sea como fuere, además del proceso de dispersión del virus, que si por fómites, por «perdigones», por las denominadas gotículas de Flügge —otra forma elegante de hablar de los perdigones y otras gotitas de menor tamaño que, normalmente, no alcanzan más de 1,5 metros de distancia antes de caer por gravedad— o, actualmente, por aerosoles, gotitas mucho más finas que exhalamos al respirar o hablar de menos de 100 micras —0,1 mm y mucho menores—, otros estudios; otras noticias fueron haciéndose eco en los medios de comunicación profesionales, tanto en los especializados en ciencia como en los de comunicación social de la ciencia, hablando de la sintomatología, de cómo se agravaba la infección, moléculas implicadas, efectos adversos durante y después de haber superado la infección y, claro está, nuevos y novedosos tratamientos. Dicen algunos expertos en sanidad que, por desgracia, la desesperación y desconocimiento de los primeros meses hicieron a los profesionales utilizar tratamientos empíricos, muchos de los cuales resultaron ser más perjudiciales que salvadores. Muchos fármacos y tratamientos aparecían como milagrosos —hidroxicloroquina o Remdesivir, entre los más conocidos— para, posteriormente, cuestionarse su eficacia y ser finalmente retirados o no pautados.

Ni me será posible ni lo pretendo, si ha llegado hasta este apartado estoicamente con este empacho de coronavirus, someterle ahora a un tercer grado —o peor, a la técnica Ludovico sufrida por el protagonista de *La naranja mecánica*— con una retahíla de avances y contraavances durante la pandemia; principalmente, tras la desescalada de junio del 2020. Simplemente, procuraré mostrarle algunos de los estudios publicados en buenas revistas internacionales que muestren, una vez más, el tedioso y casi siempre enfangado avance de la ciencia por la neblina del conocimiento —se acuerda de este símil, ¿verdad? Pues tras esta cursilada se esconde todo un alegato por el rigor científico y, una vez más, contra la charlatanería de los métodos pseudocientíficos. ¡Vayamos al tajo!—.

EL ESCURRIDIZO ANIMAL X

Aunque el autor le quitaba importancia en su propia publicación, el caso es que el catedrático de Biología de la Universidad de Otawa Xuhua Xia llegó a afirmar que el famoso animal X, intermedio entre el murciélago de herradura, supuesto origen del virus, y nosotros, podría haber sido ¡un perro!, pero no un perro cualquiera, sino un perro salvaje —de los que acaban en manadas tras perder su vínculo con sus «mejores amigos» los humanos—. El virus habría, según el autor, macerado, mutado, durante años en el intestino de este desgraciado mamífero. El artículo, publicado en la prestigiosa *Molecular Biology and Evolution,* explica cómo un patógeno que se va adaptando a su entorno deja huella, huella que tendría el SARS-CoV-2 con su escasa presencia de nucleótidos CpG —esas unidades de su genoma— que le habrían permitido al virus escapar de una enzima antiviral llamada ZAP. Los perros salvajes tienen mucha de esta proteína, y si el coronavirus tiene tan poco CpG es porque ha ido evolucionando, en su tripita, para ir haciéndose resistente a la degradación de la enzima perruna. Vamos, es como condenar a un cartero porque sobre la mesa bajo la cual yace un cadáver hubiera alguna carta. Algo totalmente circunstancial y que, como digo, el propio autor lo deja como una teoría de trabajo, pero, según creo, el tema no ha tenido mucho más recorrido.

AIRE ACONDICIONADO Y CORONATRANCAZO

La pregunta que con la llegada del verano se hizo viral, nunca mejor dicho: ¿puede el aire acondicionado dispersar al virus? ¿Quiere saber la respuesta? ¡Yo también! Mucho se comentó sobre decenas de infectados en un Call Center, en una oficina con muchos empleados bajo el mismo techo, separados solo por mesas y el aire acondicionado funcionando, o en autobuses de largo recorrido, en cruceros a través del aire acondicionado entre camarotes, en restaurantes con los comensales distribuidos en varias mesas a más de dos metros de distancia. El denominador común podría ser, o no, el aire acondicionado, pero este aspecto no quedó del todo claro más allá de la importancia de ventilar los locales y lugares cerrados para evitar la condensación de posibles aerosoles flotantes e infectocontagiosos. Se recomendó, y se sigue haciendo, ventilar varias veces al día los hogares, cada poco tiempo las clases, utilizar terrazas más al aire libre que los interiores de los locales hosteleros; utilizar purificadores de aire con filtros especiales o medidores de CO_2 como control indirecto de la pureza del ambiente. El hecho de utilizar, *per se*, el aire acondicionado no parece condición *sine qua non* para infectarse. De hecho, lo que sí parece estar claro para la expansión del SARS-CoV-2, un virus grupal, al que le gusta la juerga, es la figura del supercontagiador, tal y como acaba de publicar —febrero de 2021— en *Science* un grupo de científicos de la Universidad de Santiago de Compostela. Un supercontagiador no es un *alien*, «para eso ya tenemos a algunos políticos»; no es un superdotado —en ningún sentido—; simplemente es una persona, de entre 18 y 55 años —estimación propia— de media, muy sociable, que puede estar asintomáticamente contagiado, sin saberlo, produciendo gran cantidad de partículas víricas en el ambiente. Se piensa que 100 supercontagiadores, en una población de un millón de habitantes repartidos grupalmente, pueden contribuir a generar focos de infección más importantes que 1000 infectados de gripe homogéneamente dispersos entre el mismo grupo poblacional. De hecho, se llegó a plantear la posibilidad de realizar los rastreos a la inversa, es decir, «corriente arriba»: en lugar de intentar localizar a las personas a las que yo haya podido infectar una vez que descubro que tengo el virus, rastrear hacia las personas que me hayan podido contagiar a mí. Seguramente, alguna de ellas podría ser un supercontagiador, lo que sería mucho más útil para detectar y frenar los brotes. Nada de esto se está haciendo a día de hoy.

¿CORONAVIRUS EN MARZO DEL 2019?

Fue realmente polémico y, sinceramente, el eco duró solo una semana escasa. El caso es que uno de los mejores grupos españoles en el análisis de aguas residuales en la búsqueda de virus —enterovirus realmente— con Albert Bosch, presidente de la Sociedad Española de Virología, publicó como *preprint* un breve artículo donde decían haber detectado alguna secuencia del SARS-CoV-2 en las aguas fecales barcelonesas del primer tercio del 2019, un año antes del confinamiento del 14 de marzo del 2020. El análisis de las aguas fecales en la búsqueda de secuencias coronavirales es algo que se está llevando a cabo con cierta rutina. Podemos excretar restos del virus incluso meses después de habernos infectado y de dar ya negativo en pruebas PCR. Eso no quiere decir ni que sigamos con el virus activo en nuestro organismo, ni mucho menos que podamos infectar a otras personas mediante una transmisión oro-fecal —algo que sí ocurre con otros virus como, por ejemplo, la hepatitis A—. Simplemente, eliminamos restos de viriones, de genoma viral que puede ser analizado en las aguas negras mediante las mismas pruebas que nos detectan al patógeno en nuestra garganta. Esta información puede ser muy valiosa. Así como en el siglo XIX se podía saber cuándo se aproximaba una epidemia de cólera en el Londres victoriano por la detección de la bacteria *Vibrio cholerae* en las aguas del Támesis, podemos predecir hasta con varias semanas de antelación la subida de la tasa de transmisión del coronavirus por su presencia en las aguas residuales —también podemos saber lo contrario, que el brote está remitiendo—. Pues bien, el grupo de Albert Bosch analiza rutinariamente aguas sucias tras la búsqueda de enterovirus, patógenos que sí se pueden transmitir por la vía escatológica mencionada anteriormente oro-fecal. Según los autores del trabajo publicado, con algunas alícuotas sobrantes decidieron probar suerte buscando restos del virus de la COVID-19 y, *voilà*, de varios genes analizados, encontraron, al menos, la presencia de uno de ellos. ¿Qué significa este resultado? Pues no se puede saber por varios motivos. En primer lugar, porque se quedaron sin muestras y nadie más pudo analizarlo; por otro lado, tampoco detectaron todos los fragmentos genómicos analizados. Concluir que el coronavirus de la gran pandemia estaba ya circulando por Barcelona casi un año antes de la detección oficial parece, por lo tanto, algo precipitado. Eso sí, la solvencia en la investigación virológica del grupo catalán está más que contrastada. Quién sabe si todavía durante el análisis de muestras antiguas congeladas nos llevaremos alguna sorpresa. En este sentido, la Comisión que está actualmente en China analizando las pistas para dar con el origen último de la pandemia (febrero de 2021) ha concluido que, casi con toda seguridad, el virus no surgió en el famoso mercado húmedo de Wuhan, pero ¿cuándo y dentro de qué bicho se fue cociendo a fuego lento? Sigue siendo una incógnita.

¡EL CORONAVIRUS NO EXISTE CLÍNICAMENTE!

Como suelen decir en mi humilde pueblo —un abrazo a todos los esparragalejanos y esparragalejanas—, «que Dios le conserve el oído, porque lo que es la vista…». Quien decía las palabras que aparecen en el título de este párrafo fue Alberto Zangrillo, director del Departamento de Anestesia y Reanimación General del Hospital San Raffaele en Milán en una entrevista a la RAI. Tenemos que situarnos a comienzos de la desescalada, hacia finales de mayo, cuando los datos epidemiológicos ya permitían soñar con un verano relajado. En Italia, aparentemente, ¡se había vencido al virus también! Poco a poco, los hospitales estuvieron otra vez operativos, más altas que ingresos por COVID, UCI libres, hospitales de campaña desmantelados, nuevos casos de infección detectados precozmente y, por ello, con mayor eficacia, menos casos graves y menos fallecimientos. Todo empezaba a hacernos pensar con la vuelta a la prepandemia —o a la postpandemia—. En esa nueva realidad luminosa, no era de extrañar declaraciones esperanzadoras, triunfalistas que, por desgracia, y como en casa del pobre, duraron poco; lo justo para volver a ver playas, calles, locales abarrotados y la menor precaución. Por ello, lejos de, como dijo Zangrillo, haber dejado de existir clínicamente el SARS-CoV-2, lo que estaba haciendo, por su naturaleza de virus grupal, era volver a coger fuerza, inercia, en brotes locales, en reuniones, entierros masivos, fiebres del sábado noche —bueno, en España, también del viernes, y jueves, y miércoles…—. La realidad es tozuda. Decidimos convivir con el virus y no supimos rematarlo después del sacrificio que nos supuso a todos los europeos estar confinados —en algunos lugares más que en otros— durante varios meses. El virus volvió, mutó, se adaptó nuevamente y, como vemos ahora, lejos de debilitarse, está vigoroso como el mortal mozalbete de un año de existencia que es. ¿Lo peor de todo? Que no parece que hayamos aprendido absolutamente nada. Que estamos cometiendo exactamente los mismos errores que al principio —ahora, por lo tanto, con agravante—: no invertimos en sanidad, en rastreadores, en tecnología, en publicidad…

¿CÓMO ENTRA, SI ACASO, EL SARS-COV-2 EN EL CEREBRO?

Ya desde el principio de la pandemia se fue manifestando este maldito bicho como muy puñetero y con recursos; recursos para alcanzar cualquier rincón de nuestro cuerpo, incluyendo lo más sagrado, nuestro cerebro. Se pensó que la pérdida del gusto del olfato —unido o no al del gusto— era por un proceso inflamatorio en las vías respiratorias superiores, en la cavidad nasal que pudiera oprimir y afectar al nervio olfativo. Meses después —hablamos ya de la segunda mitad del 2020—, se llegó a sospechar que, quizás, esta afección a uno de los sentidos no era —o no solo— debido a un proceso inflamatorio, sino a la infección *per se* del nervio e, incluso, al posible viaje del virus dentro de los axones —las prolongaciones de los nervios— y final entrada en el sistema nervioso central, en el cerebro, pongamos por caso, a través del bulbo olfatorio. Todo esto vendría avalado por los informes que documentan la presencia de viriones —virus— en las células del epitelio olfatorio. El proceso último fisiopatológico sigue sin conocerse, pero se ha llegado a pensar que, detrás de esta invasión y destrucción neuronal, podría recaer parte de la insuficiencia respiratoria de los pacientes de COVID-19 o, incluso, algo más alarmante, esos extraños síntomas post-COVID que describen muchos pacientes sobre confusión, mareos y pérdida de agilidad mental a la hora de encontrar palabras y términos —algo que a mí me lleva pasando desde hace ya unos años, dicen los entendidos, por el mecanismo natural del envejecimiento. ¿Dónde han quedado esos años en los que hablaba de corrido?—.

Un artículo —de los miles que aparecieron con teorías varias— que sí llamó mi atención hacía referencia a la creación de organoides de cerebro humano que podían ser infectados con el coronavirus, pero donde el antiviral Sofosbuvir —utilizado contra la hepatitis C— se mostraba muy efectivo. Puesto que el artículo era en formato *pre-print* —no revisado por pares científicos—, no quiero profundizar mucho, pero, al menos, sí recalcar que sí es posible —contratado en varios laboratorios— elaborar organoides con células neuronales —algo así como un minicerebro— procedentes de las milagrosas células pluripotentes inducidas —células madre que se han generado desde tejido adulto—. Estos organoides podían infectarse y ser destruidos con el SARS-CoV-2, perdiéndose la capacidad sinaptogénica, es decir, la conexión entre neuronas mediante sinapsis. En el artículo comentan, además, que el Sofosbuvir, una droga antiviral aprobada por la FDA estadounidense, revertía el proceso y protegía a las neuronas de la infección. Creo recordar que estudios posteriores rebajaron las expectativas sobre este medicamento, al igual que lo hicieron sobre otros antivirales utilizados contra el virus del Ébola o VIH, como el Remdesivir, Lopinavir o Ritonavir, entre otros.

HOMBRE, CALVO, GRUPO SANGUÍNEO A Y OBESO, CHUNGO, CHUNGO...

Y sí, me estoy describiendo a mí mismo —¡con la mata de pelo que tenía de joven!—. Varios artículos aparecidos en varias revistas, tanto de las ya famosas *pre-print* como también en la todopoderosa *Science*, en junio-agosto del 2020 me dejaron chafado. Al parecer, el ser portador del grupo sanguíneo 0, era una protección extra contra los efectos adversos del coronavirus, mientras que, si, como yo, gozabas del extendido A+, tenías más papeletas para terminar en el hospital. Por si fuera poco, otro titular llamativo venía a decir que los «despejados de frente» también teníamos más probabilidad de una COVID complicada; ¿en base a qué?

Lo del grupo sanguíneo —que afortunadamente acabó diluyéndose en la laguna de las noticias sin contrastar— provenía de la investigación del antropólogo sueco, ganador del Príncipe de Asturias, Svante Pääbo quien, además, y en compañía de su colega Hugo Zeberg del Instituto Max Planck de antropología evolutiva, en Leipzig (Alemania), afirmaba que tener cierta variante genética de origen neandertal podría tener «trágicas consecuencias» en caso de infección coronaviral —siento decirle que, por alguna que otra juerga desenfrenada de nuestros antepasados *sapiens*, tenemos algún que otro fragmento genómico de origen neandertal—. Pero vamos, una cosa es decir que algunos genes podrían estar implicados en el desarrollo de la clínica tras la infección y otra muy distinta que uno de los principales factores de riesgo genético para sufrir la forma grave de la COVID-19 lo hemos heredado de nuestros primos lejanos ya extintos desde hace unos 40.000 añitos. Todo esto, nuevamente, ha ido perdiendo fuerza. En cuanto a la calvicie como factor de riesgo, la explicación estaría en los andrógenos. La testosterona no solo haría que a algunos se nos claree más que a otros el cartón, sino que, según Christina Jamieson, de la Universidad de California, también haría aumentar le proteasa TMPRSS2 (proteasa de serina 2 transmembrana). Esta enzima es importante para la entrada del virus en la célula, puesto que produce un corte proteolítico en la famosa proteína de la espícula, S, permitiendo la entrada viral en nuestras células. Claro está, a más TMPRSS2, mayor infectividad. ¿Cómo lo ha estudiado Christina Jamieson, Chris para los amigos, digo yo? Pues con otros organoides, en este caso procedentes de cáncer de próstata. Vaya quedándose con ese nombre, «organoides», son ya el presente de la investigación —mi propio grupo está estudiando la posibilidad de crearlos con neuronas y oligodendrocitos para reproducir el posible papel de la infección del virus herpes en el cerebro—. Pues bien, al parecer, la enzima TMPRSS2 es conocida en los tumores prostáticos tras la unión de las hormonas masculinas a los receptores de andrógenos. Ahora, el estudio se centra en la posible relación de ambos procesos, la producción de hormonas masculinas y la gravedad de la infección por coronavirus —aunque no tengo yo muy claro que se haya demostrado una mayor susceptibilidad o probabilidad de COVID más grave en pacientes con cáncer de próstata—.

¿Y qué pasa con los obesos? Están considerados como personas de riesgo y, por lo tanto, con la opción de una vacunación previa a otros grupos poblacionales. Un artículo aparecido en *The BMJ* realizado por investigadores de la Universidad Queen Mary de Londres señala que el sobrepeso, agravado por la sobreingesta de bebidas azucaradas y alimentos ultraprocesados, incrementa el riesgo de padecer clínica grave al infectarse por el SARS-CoV-2. Según la OMS, cerca de tres millones de personas morirían anualmente en el mundo directa o indirectamente a causa de la obesidad. Ahora, con el coronavirus, esa cifra podría elevarse significativamente. Con sobrepeso —o directamente con obesidad—, se expresa más receptor para el coronavirus, ACE-2; se tiene un peor sistema inmune para defenderse de la infección, peores pulmones y capacidad respiratoria, y, ya puesto, el virus parece que puede acumularse en la grasa. ¿Necesita más argumentos para perder barriguita cervecera?

Y TRAS VARIOS PALOS DE CIEGO, LLEGÓ «ELLA»

Ya hemos comentado cómo diferentes fármacos y tratamientos, aparte de que pudieron causar más daño que beneficio terapéutico, fueron cayendo a lo largo de los primeros, convulsos y dramáticos meses de pandemia. La gente moría a decenas ante la impotencia de los sobrepasados sanitarios que veían cómo uno tras otro los tratamientos iban descartándose: antivirales —utilizados contra virus como el Ébola, sida, gripe, hepatitis—, antimaláricos, antitumorales, antibióticos o moduladores de la respuesta inmune. Sin embargo, y también desde los primeros momentos del ya histórico 2020, muchos médicos observaron cómo algunos antiinflamatorios sí parecían proteger y revertir los graves efectos causados por la entonces —y ahora— conocida como «tormenta de citoquinas», es decir, la producción de moléculas proinflamatorias por parte de células «descontroladas» del sistema inmunológico, como los tristemente famosos macrófagos M1 —también se responsabilizó a los neutrófilos de la inflamación mortal—. Entre estos fármacos antiinflamatorios, uno, barato y muy conocido, la dexametasona, acabó bajo los focos de la gloria. Reducía el riesgo de muerte en los pacientes con ventilación asistida, intubados —o entubados, como prefiera—. La dexametasona —9-fluoro-11β,17,21-trihidroxi-16a-metilpregna-1,4-dieno-3,20-diona, por si quiere impresionar a su próxima cita— es un glucocorticoide sintético con funciones similares a las de las hormonas esteroideas, antiinflamatorio e inmunosupresor. El estudio que confirmó el papel terapéutico de este fármaco, de fácil acceso y barato, vino, una vez más, de la Universidad de Oxford. Tras un año de pandemia y a la espera de que, aparte de las milagrosas vacunas, otros medicamentos como sueros hiperinmunes, anticuerpos mono y policlonales o la esperada *made in Spain* aplidina demuestren su poderío, la dexametasona sigue sacando a pacientes de la UCI todos los días, o eso dicen las estadísticas tras diez días de tratamiento: hasta un 35 % menos de muertes en pacientes graves.

¿SEREMOS ALGUNA VEZ OVEJITAS DE UN REBAÑO INMUNE?

Cuando le preguntaban a mi abuela —aunque el dicho se aplica a cualquier abuela— que cuánto dura un constipado, ella respondía: «Siete días con medicina o una semana "a pelo"». Pues nada, ya que hablamos de otro virus respiratorio, el SARS-CoV-2, una pregunta, sin clara respuesta, que no falta a ninguna cita mediática es sobre el porcentaje de la población que tiene que inmunizarse para alcanzar la denominada «inmunidad de rebaño» —o inmunidad grupal, si es un verdadero antropocéntrico—. En principio, y con muchos «peros», podríamos decir, como mi abuela, que un 70 % si nos infectamos de forma natural o un 70 % si nos vacunamos. Vayamos a esos «peros»...

Para empezar, ¿qué es la inmunidad de rebaño? El concepto es simple. Se trata del porcentaje de la población que tiene que estar protegida para que el virus no pueda circular libremente y, por lo tanto, paren los brotes de contagiados. Lo ideal sería siempre el 100 % de la población, claro, pero, excepto con una vacuna muy, muy, muy eficaz, ese «xangri-lá» inmune es imposible de alcanzar —a no ser que, como con la viruela, directamente erradiquemos al bicho—. Por lo tanto, es importante que, según con qué facilidad el virus pueda transmitirse de un infectado a otra víctima, más o menos porcentaje de la población tenga que estar inmunizado. Para saber ese porcentaje hay que introducir el término de R_0 o índice reproductivo básico, un numerito que indica, desde un infectado, de media, a cuántos otros podemos infectar. Para hacernos una idea, el R_0 de la gripe estaría entre 2-3, el de la horrible viruela, entre 5-7, el del sarampión, ¡entre 12-18! —¿quiere otra excusa para vacunar a sus seres queridos con la triple vírica?—, y la del SARS-CoV-2, en torno a 2 —todavía es pronto para saberlo con más precisión—. Lógicamente, si nos quedamos todos encerrados en casita, esa cifra puede acercarse a 0. Todavía no está claro cuán contagioso puede llegar a ser el coronavirus; mucho menos con las variantes que en los últimos meses van surgiendo.

Volviendo al porcentaje de personas inmunizadas para garantizar la inmunidad de rebaño, podríamos hacer alguna apreciación. Por ejemplo, en una población donde el grupo de riesgo se mantuviera más protegido —personas mayores recluidas en sus casas, pongamos por caso—, quizás ese porcentaje de personas inmunizadas podría bajar del 70 %. De hecho, según una publicación en *Science*, ese porcentaje se cifra en un 40 %. Además, hay que tener en cuenta que, si nos referimos a las vacunas, no está claro que una persona inmunizada de forma artificial pueda seguir siendo o no infectocontagiosa. La mayoría de las vacunas garantizan no tener sintomatología grave, pero no se ha ensayado qué ocurre si nos infectamos y el virus se aloja en nuestras vías respiratorias superiores. Sea como fuere, les presento aquí una buena noticia. Los países con el programa de vacunación avanzado, como Israel, sí han visto que hay menos circulación de virus entre los vacunados. Esto parece lógico. Al parecer, las personas que presentan más sintomatología tras la infección producen más carga viral y durante más tiempo; por ello, si la vacuna evita esta sintomatología grave, también podría incidir en una menor circulación viral. ¡No todo van a ser malas noticias!

Por cierto, otra historia es qué pasa si nos infectamos durante la vacunación. Todo un misterio, aunque con posible respuesta desde la inmunología. Si nos infectamos una o dos semanas después de la primera dosis, el propio virus podría actuar como segunda dosis y, en principio, podríamos quedar tan inmunizados —o más— que con dos dosis vacunales. En cualquier caso, el peligro de infectarnos cuando todavía nuestro sistema inmunológico no está del todo fortalecido podría ser que el virus aprendiera a «zafarse» de nuestras defensas y se hiciera resistente. Todo esto es, claro está, hipotéticamente. En sanidad, como en ciencia, nada es absoluto, nada está del todo garantizado; el riesgo 0 no existe; para eso ya tiene la pseudociencia.

CIERRE DE FRONTERAS SÍ O NO; ¡Y YO QUÉ SÉ...!

¿Ha contado el número de veces que se ha hablado como arma arrojadiza en política sobre si se debe controlar el acceso de los pasajeros a través de los aeropuertos? Pues bien, todo este debate no deja de ser fútil y meramente electoralista. Debería, eso sí, existir un protocolo internacional, de la UE, común sobre cómo comportarnos con aquellos países más afectados por la pandemia o con variantes virales más peligrosas. La respuesta rápida podría ser: «¡Cerramos!». ¿Y qué? ¿Qué pasa si yo cierro mis fronteras con un país, pero no nuestros vecinos, por donde nos pueden llegar viajeros de terceros países? Pues nada, ¡PCR en origen! Bueno, eso está bien con variantes normales, es decir, con países con nivel de transmisión parecido al nuestro y con virus similares. En caso contrario, por ejemplo, con una variante mucho más agresiva, ¿qué pasaría si yo me infecto hoy y me hago una PCR mañana porque voy a viajar pasado? Pues eso, que daré negativo y podré llegar a un país con mi negatividad, pero con un bicho dentro con muy malas intenciones y muchas ganas de dispersarse. ¿Entonces? Pues bien, la opción más sensata sería la del confinamiento de, al menos, una semana y PCR al final de la misma, antes de entrar libremente en el país receptor. Esto se ha llevado a cabo con mucho éxito en países que han optado con vencer y no convivir con el virus, como China o Australia. De hecho, eso, un confinamiento de dos semanas, fue lo que tuvo que soportar estoicamente la delegación internacional que fue a China, en enero del 2021, a Wuhan para tratar de dilucidar el origen del virus, el paciente 0, el animal reservorio 0.

Por cierto, ya que estamos hablando de realizar PCR como control, una técnica que puede resultar tremendamente lenta en algunos casos, simplemente hacer un inciso para presentar otra de la que se habla poco, pero puede ser más resolutiva —y fiable—, la denominada TMA o Amplificación Mediada por Transcripción. Esta técnica amplificaría directamente el ARN del virus sin pasar por ADN —algo que sí tiene que hacer la PCR—. Sería un diagnóstico molecular más rápido y barato que la PCR. Con la TMA, en poco menos de media hora y con menos ciclos que su análoga de ADN podríamos tener, desde una molécula inicial, miles de millones, así, como quien no quiere la cosa…

Volviendo a la Comisión Internacional de China, y ya puestos, comentar que lo que ha quedado claro es que el origen del virus ha sido natural —nada de conspiranoias—, seguramente en un murciélago y, de aquí, a otro mamífero que se sigue buscando. No ha quedado nada claro que el origen de los primeros contagios fuera, de hecho, el famoso mercado húmedo de Wuhan. ¿Se sabrá alguna vez el origen real de esta puñetera y luctuosa prueba contra la humanidad? ¡A lo mejor, mientras lee este libro ya lo sabe!

¿CUÁNTO AGUANTA EL BICHO FLOTANDO?

Tenemos claro que las gotículas grandotas caen al suelo al metro y pico de quien la expele, más o menos. En cosas como estas nos hemos basado los virólogos y epidemiólogos para comentar desde el principio de la pandemia que, guardando una distancia de unos dos metros de nuestro interlocutor, podríamos estar a salvo de infecciones. Luego llegó el concepto de la ventilación, de la mascarilla, de cómo de alto hablemos, de si estamos haciendo pilates —silencioso y tranquilo— o zumba —pues eso, zumba, ¡qué le voy a contar!—, y, claro, también los estudios en espacios cerrados buscando viriones, partículas víricas viables, infecciosas, flotando por aquí y por allí. Un trabajo en una habitación de hospital en China con pacientes de la COVID-19 parecía demostrar que no se acumulaban suficientes partículas de virus como para infectar más allá de uno o dos metros de los enfermos. Pero claro, esto no casaba bien con otros hallazgos de infecciones en restaurantes, en oficinas, en autobuses, como ya se ha comentado. Por fin, un aparato marca España, desarrollado por la investigadora Arantza Eiguren, ha sido capaz de capturar virus viable a cinco metros de una cama de hospital, en Florida, con un enfermo con el coronavirus. El aparato, dicen los expertos, funcionaría como unos pulmones artificiales, capturando partículas y luego analizando su capacidad de replicación en un laboratorio. Aquí empezó a cambiar el paradigma de la suspensión del virus en el aire. Ya antes teníamos la sospecha de los famosos aerosoles voladores infectocontagiosos; con este estudio, la cosa se puso más seria y la OMS empezó a dejar de mirar para otro lado. Eso sí, para hacer honor a la verdad, en un litro de aire de aquel hospital solo se capturaban unas pocas partículas virales, algo que, para los que manejamos cantidades de hasta siete órdenes de magnitud, se nos antoja algo justito para asegurar que alguien que respirara ese aire se pudiera infectar. Ahí siguen quedando esas preguntas: ¿cuántos viriones hacen falta, y durante cuánto tiempo de exposición a los mismos, para contagiarme? ¿Eh? ¿Eh?

¿QUÉ PASÓ CON EL RADARCOVID?

A finales de agosto, desde las páginas del Ministerio de Transformación Digital y del de Sanidad se lanzaba, eso sí, con pocos bombos y platillos, la *app* RadarCOVID supuestamente para ayudarnos a detectar contactos estrechos de una persona infectada. La orden venía desde la aprobación en Consejo de Ministros del 23 de junio. Se llevó a cabo una prueba piloto en la isla de la Gomera supuestamente con gran éxito, detectándose, dijeron, el doble de contactos que los rastreadores humanos. ¡Fantástico! ¡La tecnología al servicio de la antipandemia! Recuerdo que por aquellas fechas también se anunciaron *apps* de móviles varias que detectaban el coronavirus en las superficies, en el aire, en la ropa, pero esta es otra historia.

El Consejo Interterritorial acordó que las comunidades autónomas fueran adaptando la aplicación a sus territorios. Todo debía ser ratificado a través de convenios bilaterales entre las Administraciones sanitarias de cada autonomía y el Ministerio de Sanidad. Incluso existían versiones para sistemas operativos tanto Android como iOS.

El caso es que se nos animó fervientemente a que nos bajáramos la dichosa aplicación para estar más protegidos. Yo la tengo en mi móvil desde hace, creo, cuatro meses, y como el que oye llover. Se supone que me avisa si he estado en contacto con algún «sospechoso». ¿En cuatro meses no me he cruzado con nadie así con los índices de transmisión tan altos que estamos sufriendo? Nada, otros milloncejos de dinero público tirados, por lo que se ve, a la basura. Desde las Administraciones no insistieron en este asunto; la aplicación no se perfeccionó, no se incentivó, no se implementó. Creo recordar que hacía falta una clave para poder notificar si te habías infectado. Nunca llegó. También se dejaba a la voluntad de cada uno —por aquello de un principio de privacidad mal entendido— el notificar a la aplicación si te habías contagiado o no. Resultado, pues eso, ¿se ha vuelto a acordar de la aplicanciocilla? Yo la sigo llevando en el móvil más por romanticismo que por devoción.

¿SE PARECE EL CORONAVIRUS AL CÁNCER?

Obviamente no, ¿o sí? Lo que se ha visto —con estudios desde el Centro de Investigaciones Biológicas Margarita Salas de Madrid (CIBMS-CSIC)— es que algunos fármacos dirigidos a tratar algunos tumores podrían también servir contra la COVID-19, ¿por qué? Pues, al parecer, el cambio metabólico que induce el virus en la célula que infecta se parecería, en cierta medida, al que también ocurriría en una célula tumoral. A este fenómeno se le conoce como «efecto Warburg», en el que tanto procesos de transformación celular (cáncer) como infección por algunos virus alterarían diferentes rutas de señalización durante los procesos metabólicos celulares. Entre otras cosas, este reordenamiento metabólico le permite a la célula tumoral perpetuarse —o intentarlo—.

MENOS GRIPE, MENOS TUBERCULOSIS, MENOS...

Algo que sorprendió durante nuestro verano, invierno austral, fue el hecho de que tanto en Australia como en Argentina se estaban registrando significativamente muchos menos casos de virus respiratorios, como gripe, catarros, virus respiratorio sincitial de nuestros pequeños u otros coronavirus menores. ¿Por qué? Se apuntaron a dos teorías: una, verosímil; la otra, bueno, algo más rebuscada. Comencemos por la segunda. Ya se sabe que ciertas especies invasoras pueden acabar desplazando de un ecosistema a especies autóctonas —mi pobre padre se desesperaba con los cangrejos de río americanos, insípidos y casi sin «chicha», que habían prácticamente exterminado a los cangrejotes hispanos—. Esto está claro cuando hablamos de ecosistemas y especies de invertebrados o vertebrados. Sin embargo, en el mundo más microscópico la cosa no está tan clara. Es cierto que sí podemos desplazar microbiotas bacterianas —o al menos algunas especies— por otras de microorganismos que, en ocasiones, pueden tener resultados desagradables para la salud. ¿Y en virus? Pues no estaba claro, aunque con el coronavirus sí están surgiendo voces autorizadas —yo mismo no lo tengo tan claro— que están comentando la posibilidad de que, efectivamente, el SARS-CoV-2 haya encontrado en nuestra especie una «perita en dulce» que no está dispuesto a compartir con otros patógenos intracelulares, desplazando de la balanza estacional a otros virus como el de la gripe. La infección por coronavirus produciría una serie de moléculas inmunoactivas que rechazarían la infección por otros virus respiratorios. Vayamos, no obstante, a la teoría de todas todas más plausible.

Las mismas medidas que nos protegen de la infección por el coronavirus, las famosas MMMV, es decir, mascarillas, manos (higiene), metros (distancia social) y ventilación, nos están protegiendo de cualquier patógeno que se transmita por el aire, como la gripe estacional, otros coronavirus catarrales, otros virus de resfriados no coronavirus, el famoso virus respiratorio sincitial de nuestros pequeños de todos los comienzos de otoño... Tal y como reflejó una publicación en la revista *The Pediatric Infectious Disease Journal*, los descensos en bronquiolitis, fiebres inespecíficas, neumonías —se entiende que al margen de la provocada por el propio coronavirus— o, incluso, gastroenteritis fueron notables cuando comparamos los casos de 2019 con los del 2020. Además de infecciones por virus de transmisión aérea como estamos comentando, infecciones bacterianas como la tuberculosis o la tos ferina, o, incluso, fuera del mundo microbiano, cuestiones fastidiosas no menores como las alergias al polen están en mínimos históricos. La mascarilla, sin lugar a dudas, es una barrera que está resultando muy efectiva mucho más allá de la simple —o no tan simple— lucha contra el SARS-CoV-2. Estuve en Japón hace ya unos añitos por un congreso de virología y me sorprendió ver a los jóvenes con mascarillas por las calles, en los medios de transporte; incluso mascarillas de las mejores marcas de moda —seguro que nada baratas—. «¡Qué escrupulosos!», pensé. «¡No!», me dijeron colegas nipones, simplemente una cuestión de respeto hacia los demás. De hecho, dicen, la tradición empezó a extenderse a partir de 1918, con la famosa y siempre mal llamada «gripe española». Un par de años más tarde de las decenas de millones de muertos que la tremenda pandemia provocó, prácticamente en todo el mundo se borró la huella de todas las drásticas medidas de protección impuestas. En todo el mundo menos, al parecer, en algunos lugares como el imperial país del Sol naciente. Quién sabe si tras el paso de la COVID-19 se produce un cambio mundial de paradigma y, además de tener un nuevo intruso patogénico de temporada, hacemos de la mascarilla un complemento más de nuestra vestimenta, como el bolso o el cinturón; al menos, en algunos entornos como el hospitalario o el transporte público. Podría ser una costumbre más que recomendable que, desde luego, salvaría muchas vidas. ¡Ah!, por cierto, por si fueran pocas todas estas «bondades» sobre el uso de la mascarilla, un estudio aparecido en la también prestigiosa *The New England Journal of Medicine* señalaba que el uso de la mascarilla homogéneamente en una población haría que, aunque se siguieran expeliendo gotículas/aerosoles con virus al ambiente, serían muchos menos, provocando infecciones con menos carga viral y, de media, menos virulentas o, incluso, asintomáticas. La verdad es que, con dispersión de virus tan alta como las que hemos tenido en las crestas de las sucesivas olas, no tengo yo muy claro estos resultados…

Y SÍ, LA ETERNA PREGUNTA DE POR QUÉ LOS CHIQUILLOS PARECEN INFECTARSE MENOS…

Seguimos sin tenerlo claro y siguen apareciendo artículos que van en direcciones distintas: que si los adolescentes y niños se infectan menos, infectan más, tienen más o menos síntomas —con las nuevas variantes, por ejemplo—. Desde luego, con todos los metaanálisis realizados, algo parece estar claro. Nuestros pequeños ¡no son bombas infectocontagiosas! Más bien al contrario. Además de haber demostrado que son más responsables que sus mayores —ya ni hablamos de algunos políticos—, los datos obtenidos sobre contagios en colegios e institutos dejan claro que son centros seguros o, al menos, no más inseguros que las casas o la calle. La mayoría de los contagios que se reportan en centros académicos suelen producirse fuera del entorno institucional.

Un artículo aparecido en *PNAS* aporta algo de luz —o al menos algunas teorías u opciones— sobre la menor tasa de contagio y/o patogénesis en nuestros queridos «monstruitos»

—yo tengo dos ya creciditos y siguen siendo mis adorables bichitos—. Por un lado, lógicamente, los primeros estudios se centraron en el receptor celular para el virus, la molécula ACE-2. Según el estudio aparecido en la prestigiosa revista mencionada anteriormente, los jóvenes tendrían menos receptor viral en el tracto respiratorio. Asimismo, y esto es algo que también se habría comentado con la supuesta resistencia a la infección en algunos adultos, los niños son más propensos a coger catarritos provocados por otros coronavirus comunes, lo que, al parecer, supondría cierta protección cruzada contra la infección del maligno «hermano» coronaviral SARS-CoV-2. La reacción o la protección cruzada —crosreactiva, como término algo más inmunológico— se produciría tanto en el ámbito de la inmunidad humoral —producción de anticuerpos— como celular —linfocitos T que atacan células infectadas—. Sorprendentemente, dicen los autores del trabajo, los eosinófilos, esas células conocidas como polimorfonucleares implicadas en casos de alergia —aunque su misión es protegernos de algunos patógenos incluso más evolucionados que los virus o las bacterias, como ciertos gusanos— y que en las analíticas que nos hacemos de vez en cuando apenas suponen un pequeño porcentaje de todas las poblaciones sanguíneas, podrían asociarse con otros linfocitos —las conocidas como células T cooperadoras— y ayudar en la protección contra la infección. ¿Quiere más indicios? ¡Venga, va, un par de ellos más! Generalmente los niños producen menores cantidades de moléculas proinflamatorias —las conocidas como citoquinas que seguramente recuerde de aquellas «tormentas»—. Finalmente, al menos durante la primera ola, nuestros pequeños han estado superprotegidos —o eso hemos procurado— contra el paso de esta peste. Eso sí, no se ha dicho la última palabra en este sentido.

POR FAVOR, HIJO, ¡BAJA LA TAPA DEL RETRETE!

No voy a perder mucho tiempo en esta nota, pero sí hacerme eco de una breve pero curiosa publicación que nos llegó desde China y que apareció como editorial en la siempre seria *Science*. ¿Puede un retrete suponer un peligro de contagio del coronavirus? Si le soy sincero, no lo tengo nada claro. Al parecer, el estudio se llevó a cabo en un bloque de vecinos de Cantón, China, donde se dieron unos curiosos casos de infección a lo largo de una bajante de tuberías —en realidad, a lo largo del mismo apartamento, pero de distintos pisos—. Dice el estudio que en aguas residuales el virus se diluye, aunque sea infeccioso —de hecho, la versión oficial es que lo que excretamos no son virus viables—, pero que, en algunos casos, ciertos aerosoles se pueden transmitir a través del sistema de drenaje de apartamentos —o de ciertos apartamentos—. Se comenta que, cuando tiramos de la cadena, se puede generar cierto remolino que favorecerían la generación y transmisión de pequeños aerosoles. Insisto, es un estudio curioso más que verosímil. No he encontrado mucha más literatura al respecto. Sea como fuere, no es mala costumbre bajar la tapa del inodoro para, además de que siga haciendo honor a su nombre, minimizar riesgos. Hijo, guarrete, ¡baja la tapa!

ANTICUERPOS MONOCLONALES, POLICLONALES, HIPERINMUNES; ANTICUERPOS, ANTICUERPOS

¿Recuerda a la hermana Paciencia? No es un chiste, es el nombre de una religiosa que se infectó —y superó— con el virus del Ébola. Su sangre, concretamente el suero con alta concentración de anticuerpos antivirales, fue utilizada como tratamiento contra algunos pacientes. Nunca quedó claro que funcionara, así como el resto de tratamientos que, con carácter de urgencia o uso compasivo, se utilizó contra muchos infectados, incluyendo a nuestra querida enfermera Teresa, la única española, que se sepa, en infectarse de Ébola en España. Teresa recibió varios tratamientos y se curó. ¿Por el/los tratamiento/s? Pues no se sabe. Podría ser. El caso es que el uso de suero denominado «hiperinmune», es decir, concentrado del suero de personas que han superado la infección por SARS-CoV-2 se está utilizando como tratamiento en muchos ensayos clínicos. Los resultados no acaban de ser concluyentes, pero sí prometedores. Al parecer, sí podrían ser efectivos, al menos, durante las primeras fases de la infección, cuando interesa bloquear el avance del virus. En esta misma línea van otros fármacos ensayados y en diferentes fases de comercialización, como el conocido Regeneron —conocido por ser uno de los que le pusieron al, digamos, especial expresidente estadounidense, ciudadano Trump—. Tanto este fármaco como otros con diferentes nombres —muchos de ellos nombres que parecen insultos celtas, con la terminación «mab»— consisten en anticuerpos denominados monoclonales, que son anticuerpos producidos *in vitro* para reconocer una única parte del virus; generalmente, de la proteína S de la espícula viral, la archiconocida «llave» que abre nuestras células. Otros fármacos, incluso uno desarrollado en España, son mezclas de anticuerpos conocidos como policlonales que reconocerían diferentes partes de la «llave». Claro está, si somos capaces de bloquear más partes del virus, estaremos en mejor predisposición de impedir el avance de la infección. Estos medicamentos no tienen nada que ver con otros que sonaron y sonarán, como el Molnupiravir, que directamente trata de inhibir que el virus ya dentro de nuestras células se replique, o el también marca España conocido como Aplidina (plitidepsina), que, al menos mientras escribo estas líneas, está en fase clínica en humanos con buenas perspectivas de eficacia —al menos eso nos llega desde la compañía que lo está produciendo—. Es un fármaco que ya se usa contra algunos mielomas y que «ataca» una proteína de la célula que el virus necesitaría para producir las suyas. De esta forma, atacando a la célula y no al virus, evitamos que se generen posibles variantes resistentes —lo que resulta mucho más improbable—. Como dicen en mi pueblo, estamos entrando en tiempos «buenos para la lírica», o, dicho más solemnemente, prometedor parece el horizonte con compuestos antivirales cada vez más específicos —mi propio laboratorio está estudiando cinco de ellos—, nuevas vacunas y, ya puestos, nuevas sustancias viricidas o desinfectantes —también mi pequeño grupo de investigación de la Universidad Autónoma de Madrid tiene varios proyectos en este sentido—.

PERO... ¿POR DÓNDE NOS ENTRA EL VIRUS?

Está más que claro que la convertasa de la angiotensina 2 (ACE-2) actúa como receptor para la unión y entrada en la célula del SARS-CoV-2. Este receptor, no obstante, tiene que ayudarse de otras proteínas, otras enzimas como la impronunciable TMPRSS2 para que finalmente la envuelta lipídica del virus —una capa protectora de grasa que rodea al patógeno— se fusione con la membrana de la célula y el virus penetre en su interior —«internalización», solemos decir los virólogos, sin tener muy claro si el término académico tendría que ser «internación»—. Sin embargo, algunas sombras se han cernido desde el principio sobre esta entrada canónica del virus, es decir, no está del todo claro cómo puede utilizar el virus este receptor, o solamente este, si, por ejemplo, hay muchos tejidos en el organismo donde hay más moléculas ACE-2 que en los pulmones y, sin embargo, todos sabemos que es aquí donde se desencadena la tragedia. En este sentido, algunos artículos bien documentados tratan de introducir nuevos actores en esta guerra del coronavirus por hacerse con el control de nuestras células. Uno de estos trabajos nos llegaba desde el Centro Alemán para Enfermedades Neurodegenerativas y lo publicaban en *Science*, ¡cómo no! El trabajo presentaba la molécula Neuropolina-1, un nuevo posible receptor para que el virus pudiera acceder al sistema nervioso central, es decir, a nuestro cerebro. Esta molécula, codificada por el gen NRP1 es una enzima que juega un importante papel en la angiogénesis —lo que la asociaría con el sistema circulatorio—, supervivencia celular, migración e invasión, a través de los axones —las prolongaciones de las neuronas— de posibles patógenos. No está claro todavía, pero, sugieren los autores, quizás este nuevo receptor juegue algún papel en esos síntomas neuronales o cognitivos tan extraños que últimamente se están asociando a la infección por el coronavirus. ¡Hay otra molécula! AXL, que no es una talla de camiseta, sino una enzima que canaliza señales de supervivencia celular, y que podría ser, tal y como apunta una publicación en *Cell Research*, otra llave que el virus utilice para abrir una puerta trasera en nuestras células. Estos estudios son muy preliminares, pero, así como el que no quiere la cosa, dicen los autores que es una molécula mucho más presente en pulmones que la propia ACE-2. Si suprimen esta molécula en cultivos celulares, aunque haya mucha ACE-2, el virus no infecta, o lo hace deficientemente, y al revés, si sobreexpresan AXL, se produce más infección.

Por si todo lo anterior ya fuera suficientemente preocupante, comentar que un estudio llevado a cabo en la Universidad de Miami muestra cómo el SARS-CoV-2 podría infectarnos los testículos —y no es una grosería—. Al parecer, en este tejido gonadal existe un gran número de receptores ACE-2. En este caso, la infección de los testículos, se han documentado casos de inflamación e infertilidad —algo que ya se conoce con otro virus, el de las paperas—. Eso sí, a día de hoy se desconoce si la producción de partículas víricas sería suficiente para sugerir una posible transmisión por el semen, como también se ha visto con otro virus, el del Zika. No parece que sea el caso. Así están las cosas.

¡NO ES UNA PANDEMIA, SINO UNA SINDEMIA!

Me imagino que a estas alturas de la película todos tenemos ya clara la diferencia entre un brote, una epidemia y una pandemia, ¿no? Así, brevemente, un brote, como su nombre indica, es la aparición de una serie de casos, muy localizados, de un posible patógeno. Una epidemia es algo más extenso, pero más o menos circunscrito a una zona geográfica. Sin embargo, una pandemia hace referencia a una dispersión muy amplia de un patógeno, implicando a muchos países —podemos hablar, lógicamente, como en el caso del SARS-CoV-2, de una pandemia global—. No soy epidemiólogo, pero más o menos estas serían las definiciones. En cualquier caso, solo quería introducirles otro término aún más amplio que el de pandemia y que se aplica claramente al actual virus de la COVID-19: *Sindemia*. Este término, acuñado por Merrill Singer a mediados de la década de los noventa, haría referencia a una pandemia que abarca muchos aspectos, además del epidemiológico: económicos, culturales, sociales… Con estos mimbres, una publicación firmada por 40 expertos y aparecida en *The Lancet* acuñó el término de *sindemia global* para referirse, como en el caso que nos ocupa, a pandemias que afectan a la mayoría de los habitantes de todos los continentes. En el artículo se hacen eco de problemas como la obesidad, malnutrición o el cambio climático, pero, claro está, si lo aplicamos a la COVID-19, tenemos que hacer referencia a otros muchos aspectos relacionados con la dispersión descontrolada del patógeno: hambre, muertes no por coronavirus pero sí relacionadas con las medidas de protección —dejar de vacunar a muchos niños, por ejemplo, en África de otras enfermedades por el miedo al contagio del SARS-CoV-2— y otras denominadas «comorbilidades». Como una malévola navaja suiza, esta pandemia global muestra muchas caras y ninguna de ellas buena.

SABER POR EL MÓVIL QUE TE HAS IDO DE TAPAS...

Ya sé que hemos hablado largo y tendido sobre este asunto. Sé que es triste proponer como virólogo —también lo hacen los sanitarios, los epidemiólogos y más de un economista— que para terminar con las altas tasas de transmisión del virus —de cualquier virus respiratorio— uno de los negocios que han de cerrarse es aquel donde las personas se reúnen, relajan las medidas de seguridad, hablan sin mascarilla, comen, se sientan cerca y largo tiempo unos de otros, se discute, se bebe, se discute, se bebe, se exalta la amistad, se bebe, se profieren cánticos regionales —y no, no estoy pensando en nadie en concreto—. Aunque parezca una perogrullada, los virus respiratorios, máxime si tienen factores de trasmisión grupal bajos —a más bajo, más transmisión por grupitos—, se transmiten más fácilmente si se favorece la transmisión de gotículas, de aerosoles infectados. Saber qué sitios son estos no creo que le suponga mucha meditación. Soy social —o sociable— por naturaleza. Me encanta el tapeo, sueño con tardes de amigos alrededor de unas raciones, hablando de nuestras cosas. Dudo que haya un español —o extranjero— que no se deleite con esta idea. Tengo, además, familiares que regentan pequeños locales. Puedo asegurar que, cuando comento sobre la apertura de la hostelería en momentos con transmisión comunitaria del virus lo hago con todo mi pesar, absolutamente desolado por todo lo que ello significa para familias concretas, para la economía en general. No obstante, hay otra realidad más cruda: entre aumento del paro o aumento de fallecidos, ¿qué elige? Y no, no vale utilizar el comodín de lo ecléctico y decir que ambos conceptos son abordables con garantías. Como es de esperar, y lógico, desde el sector de la hostelería se agarran como a un clavo ardiendo —¿quién inventaría este dicho tan raro?— cuando aseguran que no hay suficientes certezas de la transmisión y contagios por SARS-CoV-2 en restaurantes y bares. Es lícito defender tu sector económico —mucho menos lícito que se defienda desde las Administraciones, como algunas comunidades autónomas, que cuentan con asesores técnicos y científicos—, pero no se ajusta a la realidad. Sí hay suficientes indicios de que, en sitios cerrados, mal ventilados, sin mascarilla, gente no conviviente próxima hablando largo rato son fuentes de contagio. En ciencia pocas cosas tienen certeza absoluta. Llevo escribiendo —y leyendo— artículos científicos casi 40 años, y lo más próximo a una certeza que se suele leer —o escribir— es «Estos datos sugieren fuertemente…», o «Todos estos resultados apuntan en la dirección de…».

Otra cosa distinta es que los brotes que más se detecten sean directamente en bares o restaurantes. Quienes se infectan en estos locales se llevarán al bicho a su casa, infectarán a algunos de sus familiares, y luego, claro está, será este el brote que se detecte y se contabilice. Es triste y comprensible que se quiera proteger a nuestro tejido industrial más añorado por los turistas —tenemos récord, creo, de bares y restaurantes hasta el punto de que se está proponiendo que se declare patrimonio cultural de la humanidad—. El problema es que, cuando vienen mal dadas, la solución no es fácil. Por supuesto, el Gobierno debe tomar cartas en el asunto apoyando con todas las medidas a su disposición al sector. Otra cosa es que podamos llegar a las ayudas que se dan en otros países. Por ejemplo, en Alemania, con un PIB más del doble del nuestro, la hostelería solo representa un 1 % del mismo. En España, hablamos del 19 % de nuestras arcas.

Pero volviendo a los artículos, a los indicios de contagios en restaurantes y bares, se supone que entre los asiduos a estos locales hay hasta cuatro veces más posibilidades de pillar coronavirus que en el resto de la población. De hecho, un *Nature* publicado hacia noviembre del 2020 con el control de 98 millones de teléfonos móviles por geolocalización en ciudades como Chicago o Nueva York señalaba que el 10 % de las visitas a restaurantes y gimnasios ocasionaban hasta el 80 % de las infecciones. A veces, la tecnología se empecina en ponernos de cara a la realidad, aunque algunos políticos sigan mirando hacia otro lado.

Y hasta aquí este pequeño pero ambicioso popurrí sobre algunas de las noticias políticas, sociales, médicas, virológicas, epidemiológicas o directamente científicas en torno al SARS-CoV-2 y su COVID asociada. Lógicamente, debemos terminar con un punto y seguido, puesto que en el mismo momento en el que les estoy escribiendo este casi final del libro siguen y siguen surgiendo nuevas noticias, como ese informe que apunta a que las personas obesas de cerca de 60 años y con infección asintomática serían el perfil principal de supercontagiador. Personalmente, tengo mis reservas. Creo que un supercontagiador tiene más características sociales que estructurales. Por ejemplo, el mismo profesor de zumba que infectó a media clase —bailando y hablando en voz alta— no contagió a nadie, una hora más tarde, en otra clase de pilates. Pero en algún momento tenemos que poner el punto y final. Considero hacerlo con una brevísima historia de algunas de las pandemias más terroríficas de la historia conocida, así como con un «aviso a navegantes» de lo que se nos viene encima si no asumimos nuestro papel en esta cada vez más pequeña aldea global y procedemos a un cambio de paradigma mundial controlando la invasión descontrolada de nuevos hábitats, el tráfico ilegal de todo tipo de animales y, ya puestos, minimizando en la medida en la que todavía nos sea posible el ya más que evidente cambio climático. En caso contrario, no necesito ningún poso de café o mirar a los astros para prometer que esta, la COVID-19, no será la última ni, por desgracia, la peor pandemia que seguramente nuestra generación tenga que padecer en los próximos años o décadas.

Joshua Lederberg trabajando en un laboratorio de la Universidad de Wisconsin. [U.S. National Library of Medicina]

Otras pandemias. Otras pestes atroces y las que te rondaré, morena...

Aunque no habría que hacer caso a todo lo que se dice por ahí, cuando el que lo afirma es todo un genio, Joshua Lederberg, laureado con el Premio Nobel, ¡ojo!, «The single biggest threat to man's continued docimance on the planet is the virus», o, dicho en cristiano, «la mayor amenaza para que continúe la dominación del hombre en el planeta es el virus». Yo, personalmente, considero que el mayor peligro para el hombre es el hombre, pero, bueno, no ha comprado este libro para que le hablen de metafísica. De todas formas, no han sido solamente los virus los que más destrozos han causado, aparte de las guerras fratricidas, a nuestra especie. La peste negra, por ejemplo, no es un virus. El cólera, tampoco. Pero sí la viruela, la gripe, la poliomielitis o el sarampión.

Como se acaba de comentar, quizás la mayor peste conocida por la humanidad, la peste bubónica, no era un virus, sino una bacteria, *Yersinia pestis*, que actualmente se puede tratar de forma efectiva con un cóctel de antibióticos. Este otro «bichito» afectaba a los tejidos en la axila o incluso a la entrepierna formando una especie de ampollas o «bubones». De ahí el nombre. Como parte del proceso de infección se producía gangrena en algunas zonas del cuerpo que terminaban totalmente ennegrecidas; de ahí el sobrenombre de «peste negra». Hasta que se empezó a descubrir la causa última de la diseminación de la bacteria sobre pulgas que, a su vez, viajaban en ratas y otros roedores transportados en barco con las rutas del comercio, solo en el siglo XIV se estima que la peste causó la muerte de cerca de un cuarto de la población europea. Y si alguien cree que estamos hablando de antiguas plagas bíblicas, nada más lejos de la realidad; en años recientes se han presentado algunos brotes en países como República Democrática del Congo y Madagascar. Como anécdota comentar que, si ha visto alguna ilustración de los médicos de la época ataviados con una especie de túnicas negras, de cuero, de pies a cabeza, con un sombrero de ala ancha y una máscara con pico de cuervo, decirle que no se trataba de ningún atuendo encaminado a espantar a los malos espíritus, sino de una forma de protegerse del contagio. Dentro del pico de cuervo llevaban fragancias y hierbas aromáticas para, por otro lado, combatir el fétido olor de los cuerpos en descomposición. Ahora, con su permiso, sí querría ir a una de las primeras pestes documentadas producidas, a todas luces, por un virus más que conocido.

Como comentaba, la peste antonina está considerada como la primera gran pandemia vírica claramente documentada entre los años 165 y 192 de nuestra era. Conocida también como la plaga de Galeno, por el médico, cirujano y filósofo griego en el Imperio romano considerado como uno de los mayores investigadores médicos de la historia —al menos, de la Edad Antigua—, se trató, casi con total seguridad, de una plaga de viruela —aunque algunos opinan que podría haberse tratado de una plaga de sarampión—. Por aquella época, el Imperio romano estaba en permanente conflicto en sus fronteras orientales. Esta presión hizo que el emperador Marco Aurelio mandara a 100.000 hombres para combatir a los partos que habían entrado en Siria e intentar recuperar, entre otras zonas, Mesopotamia. Los soldados romanos, los pocos que regresaron, además de calamidades trajeron un polizón inesperado. El virus azotó a todo el imperio, matando, ya puestos, al corregente Lucio Vero, Antonino de nombre de familia. De ahí el nombre de la plaga. De forma documental, murió un 25 % de los infectados —unos 2000 romanos al día—. En total, unos cinco millones. El glorioso Ejército romano quedó diezmado. Aquí se fraguó un punto de inflexión en el imperio.

Tenemos otros nombres históricos de pestes y plagas, como la plaga de Justiniano del siglo VI —peste bubónica—, con 30-50 millones de muertes; la epidemia de viruela japonesa del siglo VIII, con cerca de un millón de víctimas; otras grandes pandemias con estas bacterias y virus a lo largo de la historia; la gran pandemia de cólera de los siglos XVIII y XIX en India; en otros países asiáticos, pero también en la Inglaterra victoriana, fiebre amarilla desde comienzos del siglo XIX; lepra, sarampión, polio, VIH/SIDA ya en el siglo XX —a partir de los años 80—; SARS, MERS o, por supuesto, COVID-19. ¿Se nos olvida algo? ¡Por supuesto!

Fue mal acuñada con el triste nombre de «gripe española». No se sabe muy bien su origen. El virus de la gripe tiene varios mecanismos de variabilidad. Por una parte, como cualquier otro virus de ARN, cada vez que replica va modificando, poquito a poco, su genoma. A esto se le denomina «deriva genética». Esto hace que cada poco tiempo las vacunas tengan que ser reestructuradas para que no pierdan eficacia —lo que podría también ocurrir con el coronavirus—. Pero, además, este mal bicho tiene su genoma dividido en fragmentos —como si fueran ocho pequeños cromosomas—. Cuando varios virus de la gripe distintos —hay muchos serotipos, muchas cepas— coinciden en un mismo hospedador —un cerdo, pongamos por caso—, pueden intercambiar esos «cromos genómicos», estos fragmentos, produciendo un virus totalmente nuevo contra el que no tengamos ninguna inmunidad previa siendo todos *naïves* o inocentes inmunológicos. Esto, dicen los epidemiólogos, puede ocurrir cada 20-40 años de media, aunque no hay una regla fija. La última pandemia de este tipo que sufrimos fue la de la conocida gripe A, gripe H1N1, gripe porcina o gripe mexicana —el país donde primero se detectó—. En aquella ocasión, varios virus humanos, porcinos y de ave coincidieron en un gorrino, y de esa orgía gripal salió un virus que nos tuvo a todos atemorizados un tiempo hasta que se convirtió rápidamente en un virus gripal estacional sin mayores consecuencias contra el que nos vacunamos —quien lo haga— en la actualidad junto con otras cepas como la gripe H3N2 o la gripe B. El virus de la gripe de 1918 fue otra cosa.

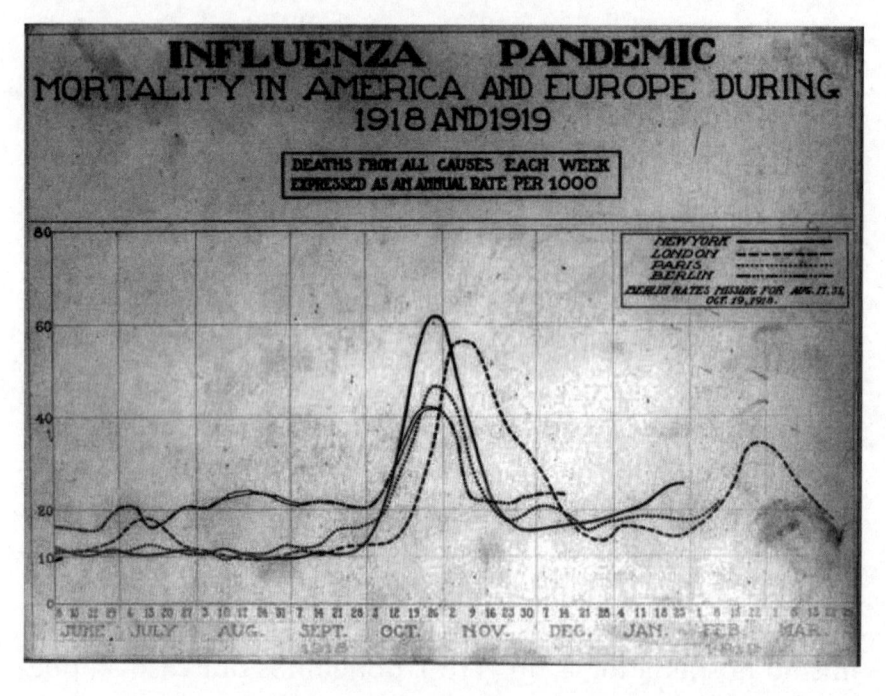

Gráfico histórico que muestra las tasas de mortalidad por gripe española en América y Europa durante 1918 y 1919. [Museo Nacional de Salud y Medicina, Instituto de Patología de las Fuerzas Armadas, Washington, DC]

No se produjo por ese «intercambio de cromos» conocido como «salto genómico» (*shift* en inglés) como el de la gripe de 2009, sino por una pura deriva genética, cambios paulatinos que lo fue adaptando desde un ave, supuestamente en China, hasta un humano. Dice la leyenda que dicho chino, ya infectado, pudo llegar a Kansas, en EE. UU., para trabajar en el ferrocarril junto a un acuartelamiento militar que se preparaba para ir a Europa a combatir en la Gran Guerra. Algún que otro soldado, por desgracia, se trajo algo más que el fusil al frente europeo cuando ya la I Guerra Mundial llegaba a su fin. Al parecer, acabaron muriendo de esta gripe, agravada por las pésimas condiciones sociosanitarias de la época, más personas que entre la I y la II contienda bélica europea juntas —según qué fuentes se consulten, el número de víctimas, con varias olas pandémicas y todo entre 1918 y 1920 fueron de entre 50 y 100 millones de seres humanos, militares y civiles—. ¿Por qué «gripe española»? Pues por nada, por una tontería. En una época en la que todo era diplomacia y con el Ejército estadounidense como «salvador» de la contienda, no se iba a llamar «gripe yanqui», ¿verdad? España no estaba en guerra. Era neutral y fue, por ello, uno de los primeros países en alertar contra dicho virus y, ¡hala!, se nos endiñó el sambenito. ¡Así se escribe la historia! Por cierto, si alguien piensa que la gripe es ya una tontería a la que no prestar la menor atención, solamente advertir que, año tras año, siguen muriendo directa o indirectamente de gripe, según la temporada, hasta medio millón de almas. Y eso que todavía no han entrado en nuestras vidas las temidas gripes aviarias. De momento, estos virus permanecen en sus reservorios emplumados. Las pocas veces que han pasado a humanos han matado a uno de cada tres infectados. ¿Se imagina que el virus aviario más conocido, H5N1, se asocia e intercambia «cromos» con el humano H1N1 generando un patógeno capaz de transmitirse tan bien como el virus humano, pero con la mortalidad del aviario? Ese sí sería un escenario apocalíptico cuya materialización no es ni mucho menos inverosímil. Entonces, ante estos posibles futuros holocáusticos —creo que me acabo de inventar esta palabra—, ¿qué podemos hacer?

Para saber lo que podemos hacer por evitar lo que, hoy por hoy, parece inevitable tenemos, al menos, que conocer cuáles son los factores principales para la emergencia y reemergencia de nuevos o viejos patógenos: variaciones genéticas naturales, cambios ambientales ecológicos, movimientos migratorios humanos, cambios en el comportamiento humano, deficiencias sanitarias en países en desarrollo o incumplimiento de los programas de vacunación. Vayamos por partes...

Tal y como ya hemos comentado, los patógenos, en general, y los virus, en particular, mutan, evolucionan, se adaptan a su hospedador. Lo normal es que, con el tiempo, esa evolución sea un trato *win to win* en el que tanto el patógeno como nosotros salgamos lo menos perjudicados posible: el patógeno, ganando diversidad genética y capacidad de dispersión y supervivencia; nosotros, alcanzando un equilibrio más o menos llevadero. Es lo que esperamos como agua de mayo con la actual pandemia. El problema es que es un proceso largo y, mientras tanto, aleatoriamente pueden generarse variaciones, variantes que puntualmente —o no tan puntualmente— sean más virulentas, más mortales —por millón de habitantes— o más letales —como porcentaje de fallecidos entre los infectados—. Es un proceso, la variabilidad genética, que tienen todos los patógenos como virus, bacterias o eucariotas, aunque los virus son los campeones por goleada en el arte de generar mutaciones viables —lo que en algunos casos se conoce como «cuasiespecie»—.

Otro factor que puede incidir en la aparición o reaparición —emergencia o reemergencia— de patógenos, o que puede favorecer la aparición de nuevas variantes de antiguos «bioenemigos», es, como seguro que ya ha pensado, el cambio climático. Se lo crea o no, lo diga o lo niegue algún que otro político —poderoso o de segunda fila—, el cambio climático es un hecho, como también lo es que el factor antropológico —vamos, nosotros— esté jugando un papel decisivo en el aumento medio de la temperatura de los océanos. Cual efecto mariposa, una subida de uno o dos grados de la superficie de los mares resultará catastrófica para el siempre frágil equilibrio climático. Temperaturas más extremas en ambos sentidos, fenómenos meteorológicos más drásticos y frecuentes, retroceso de las playas y, en el caso que nos ocupa, posible reestructuración de la biodiversidad, de especies de seres vivos de todos los reinos, de plagas y aumento de las especies invasoras, de movimiento de vectores —como los mosquitos— portadores de enfermedades. Desde hace unos años, tenemos al mosquito *Aedes albopictus*, el odioso mosquito tigre, en Europa, en España, y se expande a razón de unos 100 metros por generación —generación del insecto, se entiende—. Este mosquito puede ser, además de muy puñetero con sus «mordeduras», vector de múltiples virus, como el del Zika, chikunguña (chikungunya en algunos textos) o el dengue. Este último ya está, de momento como anecdótico, endémico en nuestro país. Poco a poco, la zona endémica para enfermedades tropicales y subtropicales como la malaria está ensanchando sus fronteras. Por supuesto, las deficiencias sociosanitarias son un factor determinante para el elemento mortal y la letalidad de cualquier patógeno. Sobre esto no creo que deba insistir mucho para convencerle. Por desgracia, lo vivimos en primera persona, al menos, durante la primera ola de la pandemia COVID-19, con hospitales colapsados y personal sanitario improvisando con bolsas de plástico algo parecido a un EPI (Equipo de Protección Individual). Muchos murieron por falta de medios, de protección, de no poder acceder a sus tratamientos y operaciones no relacionadas con el coronavirus o, directamente, por esperar más de la cuenta en casa por miedo a contagiarse en el hospital. Pero, lejos del colapso puntual que vivió gran parte de Europa a lo largo del 2020, una simple reflexión para hacernos una idea de lo que supone una sanidad competente a la hora de combatir epidemias y pandemias: la mortalidad media del virus del

Ébola y de Marburgo, en África, puede acercarse al 70-90 %. En Europa, estaría entre el 20-30 %.

En paralelo al cambio climático —o quizás, en muchos casos, motivado por el mismo— el *Homo sapiens* ha ido conquistando todos y cada uno de los rincones de nuestra pequeña aldea global. Invadir nuevos territorios, nuevos ecosistemas inexplorados hasta ese momento, supone también entrar en contacto con especies, con nuevos vecinos nada aconsejables —y no hablo del pesado que lleva cinco años «serrando» un violín—. Muchos patógenos como virus, bacterias o protistas llevan eones conviviendo pacíficamente con sus reservorios mamíferos como los ratones en bosques, en selvas, en la Pampa, ya puestos, hasta que llega el hombre y rompe, nuevamente, ese frágil equilibrio. Entramos en contacto con ratones que, a su vez, están en contacto con virus —para barrer por mi especialidad— tan peligrosos como Junín, Machupo, Guaranito o el virus Sin Nombre —se llama así, no es un lapsus de memoria mío—. Son, muchos de ellos, virus de las familias *Bunyaviridae* o *Arenaviridae*, virus hemorrágicos altamente virulentos. En sus especies reservorio replican en equilibrio; cuando entran en nosotros, nos convertimos en lo que se denomina «especie de culo de saco», es decir, en una invasión «muerta», sin necesidad de adaptación —al menos a corto plazo—, puesto que el patógeno tiene asegurada su viabilidad en su reservorio. Suelen ser infecciones virulentas, con alta tasa de letalidad hasta que, si la transferencia —la zoonosis— a nuestra especie tiene éxito, con el tiempo y muchos fallecidos, se vuelva a alcanzar cierto equilibrio. ¿Le suena de algo este párrafo?

Enlazando e imbricando con lo anteriormente expuesto nos encontramos con la transferencia de patógenos a nuestra especie por los cambios e invasión no solo de nuevos territorios, sino de tradiciones, de prácticas, de formas de vida, de cultura —o de incultura—. En muchas regiones de la tierra —un caso paradigmático por la cantidad de zoonosis que nos han llegado de allí sería el sureste asiático— el hacinamiento humano se solapa o directamente convive con el contacto estrecho con muchas especies animales. Según parece, beber sangre fresca de gallina es una costumbre más que extendida en algunas provincias chinas como Guangdong, lugar donde se sitúa el epicentro de algunas zoonosis como la gripe aviaria —de momento no transmisible entre humanos— o el SARS-CoV-1. Lógicamente, el contacto estrecho con animales y, sobre todo, el tráfico y la venta ilegal sin control alguno de cualquier tipo de especie que vuele, repte, nade o corra suponen un peligro presente y futuro muy real para nuestra supervivencia. Se ha estudiado la presencia, en el caso que ocupa a este libro, de coronavirus en diferentes especies salvajes de pangolines, murciélagos o, incluso, visones. En estas y otras especies, los virus siguen y seguirán «macerando», mutando, adaptándose y, si tienen ocasión, saltando a otras especies para perfeccionar, optimizar y perpetuar su existencia. Para muchos de estos bichillos nuestra especie, la especie dominante del planeta Tierra, no deja de ser… un caramelito.

Y ahora… una reflexión final y personal sobre el futuro que nos espera

Tal y como creo recordar que refería en mi último libro, *Virus: ni vivos ni muertos,* no puedo asegurarle cuándo y cómo será la siguiente pandemia. Sí puedo prometerle que la sufriremos. En su libro *Viral,* el neurólogo español afincado en EE. UU. Juan Fueyo comenta que a lo largo de la próxima década podríamos sufrir una pandemia de las gordas, gordas, con miles de millones de víctimas. Como virólogo que soy, no voy a apostar por dicho dramatismo catastrófico, sino por la esperanza de que esta luctuosa pandemia que todavía nos atenaza dé paso a un cambio de paradigma en la humanidad; un cambio en el que apostemos por la sanidad pública, la sanidad primaria —la puerta de los pacientes al sistema sanitario—, por la Investigación, con mayúsculas, pública —y reforzar, de paso, la privada—, la I+D+i, la tecnología, apostar por los centros de control epidemiológicos con una mayor coordinación internacional, el apoyo a los países menos desarrollados —si no salimos todos de una pandemia global, no saldrá nadie—, el control de la población y su movilidad hacia nuevos ecosistemas, el control del tráfico ilegal de animales, intentar revertir en lo posible los efectos del cambio climático, tener políticos más responsables y menos partidistas/electoralistas... En fin..., *ná*, cuatro cosillas... Yo creo —soy un soñador, no puedo evitarlo— que todavía es posible, que ¡sí se puede! ¿Y usted?

Glosario

ADN: Ácido desoxirribonucleico. Molécula constituyente de la herencia genética de un ser vivo. Almacena la información necesaria para fabricar las proteínas.

Anticuerpo: Molécula producida por los linfocitos B —célula que forma parte de nuestros glóbulos blancos— que reconoce de forma tremendamente específica un antígeno —una molécula o parte de ella— pudiéndolo bloquear o ayudar a su eliminación. También se conocen como inmunoglobulinas. Como especie tenemos cinco tipos bien definidos de inmunoglobulinas: la IgM, que es la primera que se produce ante un patógeno; IgG, propia de la respuesta secundaria mucho más específica y con mayor avidez y efectividad reconociendo antígenos; IgA, similar a la IgG pero presente en mucosas; IgE, tristemente famosa en procesos de alergia, y la IgD, minoritaria en suero pero presente en la superficie de los linfocitos B. Cuando el anticuerpo reconoce una única zona del antígeno, se denomina «monoclonal». Cuando, por el contrario, lo que tenemos es una mezcla de anticuerpos que reconocen zonas distintas del antígeno —de virus, por ejemplo—, se denomina «policlonal», que es, por otra parte, lo que producimos de forma natural frente a cualquier patógeno. Los anticuerpos monoclonales se obtienen en un laboratorio. Si purificamos los anticuerpos del suero de un paciente que haya pasado una infección viral, podemos obtener lo que se denomina un «suero hiperinmune».

Antígeno: Molécula que produce la activación del sistema inmunológico. Técnicamente «generador de anticuerpos». Si hablamos del coronavirus, cualquier parte de su estructura que inducirá la producción de anticuerpos o la activación de linfocitos T.

ARN: Ácido ribonucleico. Moléculas normalmente implicadas en el proceso por el cual la información contenida en el ADN es transportada hasta los ribosomas para su traducción a proteínas. No obstante, muchos virus, como los coronavirus, la utilizan de forma análoga al ADN de los seres vivos, como molécula constituyente de su herencia genética.

Autoinmunidad: Respuesta inmune del organismo contra componentes propios. Se produce la desregulación de la respuesta inmune y se acaba atacando de forma local o sistémica al propio organismo, como si de un agente extraño se tratara.

Bacteria recombinante: Véase *Recombinación bacteriana*.

Bacteriófago: Véase *Fago*.

Brote: En el contexto de la actual pandemia, un brote, o brote epidémico, puede considerarse como la aparición repentina de un foco de infección en un lugar muy específico y en un momento determinado. El supuesto «brote» inicial en Wuhan, China, del SARS-CoV-2 acabó siendo epidemia y, de ahí, a pandemia internacional, mundial.

CBMSO: Centro de Biología Molecular Severo Ochoa de Madrid.

CDC: Centro para el Control y la Prevención de Enfermedades. Agencia del Departamento de Salud y Servicios Humanos de los EE. UU.

Cepa: En el contexto del presente libro, y debido al amplio y mediático uso de forma indebida, se ha utilizado como sinónimo de «variante de una misma especie», aunque, al referirnos a los virus, hablamos de cepa cuando un conjunto de mutaciones, de variantes, de linajes genéticos, constituyen un grupo biológicamente diferenciado, bien porque origine unas características fenotípicas, clínicas, diferenciales, o porque pueda ser claramente diferenciado mediante pruebas serológicas (anticuerpos).

CIBMS: Centro de Investigaciones Biológicas Margarita Salas de Madrid.

Citoquina: También conocida como «citocina». Moléculas en cierta medida similares a hormonas, pero en el ámbito inmunológico. Actúan de forma más o menos local y por un tiempo muy definido facilitando la comunicación entre células inmunocompetentes, activando, regulando, modulando o suprimiendo la respuesta inmunológica. Según su función o ámbito de acción pueden denominarse de distinta manera: interleuquina (interleucina), monoquina (monocina), linfoquina (linfocina), etc.

CNB: Centro Nacional de Biotecnología de Madrid.

CNIO: Centro Nacional de Investigaciones Oncológicas de Madrid.

CSIC: Consejo Superior de Investigaciones Científicas.

EMA: Agencia Europea del Medicamento. Evalúa las solicitudes de autorización de comercialización y posterior supervisión de medicamentos de la Unión Europea.

Enzimas de restricción: Conjunto de enzimas de origen bacteriano capaces de degradar el ADN reconociendo específicamente una secuencia concreta de nucleótidos.

Epigenética: Se denomina «epigenética» a los factores capaces de modificar el fenotipo sin modificar el genotipo. En otras palabras, aquellos cambios que, sin modificar la secuencia de nuestros genes, hacen que se expresen proteínas y características distintas de unas células o individuos a otros. Unos de los cambios epigenéticos más estudiados es la metilación del ADN, por ejemplo.

Eucariota: Organismo cuyo ADN está confinado en el interior de un núcleo limitado por una membrana lipídica. Desde los protozoos, algas, hongos, hasta organismos superiores como plantas y animales pluricelulares, son eucariotas.

Epidemia: Cuando un brote ocasionado por un patógeno se propaga activamente de una forma más o menos descontrolada y se mantiene en el tiempo, aunque afectando a un área geográfica concreta, estamos ante una epidemia.

Factor de transcripción: Proteína, o conjunto de proteínas, que interacciona con regiones concretas del ADN regulando la expresión génica, tanto activando como inhibiendo la transcripción.

Factor K: No todos los virus se dispersan igual. Se sabe que, mientras que la gripe se dispersa de una forma más homogénea de personas infectadas a otras susceptibles, otros virus, como el SARS-CoV-2, prefieren la dispersión en grupos (*clusters* en inglés). No solo mide cuánta gente se infecta, sino en qué condiciones. Cuanto más bajo sea este valor, el virus se dispersaría más desde un infectado a otros a través de pequeños grupos antes de producir una «explosión» o brote mayor. K es un valor estadístico referido a la variación que hay en una distribución —en contagios, por ejemplo—. Ayuda a saber cómo se está contagiando la población. En el caso del virus de la COVID-19, se estima que el 80 % de los casos detectados son producidos por entre el 10 y el 20 % de los positivos.

Fago: También denominado «bacteriófago». Agente vírico que infecta bacterias.

FDA: (*Food and Drug Administration*), Administración de Medicamentos y Alimentos de EE. UU. Es la agencia responsable de la regulación de alimentos, medicamentos —como las vacunas—, cosméticos y otros productos biológicos.

Fenotipo: Denominamos «fenotipo» a la expresión del genotipo que puede ser verificable tanto por rasgos físicos como conductuales. En el contexto del coronavirus, el genotipo sería su secuencia genética, mientras que el fenotipo es el conjunto de rasgos, de características, que dicha secuencia genética proporciona: que infecte más o menos, que infecte una célula u otra, que sea más o menos virulento. En humanos es más fácil de visualizar: genotipo, por ejemplo, el gen «color de ojos»; fenotipo, en qué se traduce: azules, verdes, negros...

Genómica: Estudio del conjunto de la herencia genética de los organismos y de la comparación entre ellos.

Genotipo: El genotipo es la información genética específica que contiene un organismo en su genoma, en su ADN —ARN, si hablamos de algunos virus—.

Índice reproductivo básico: Número, ritmo o índice reproductivo básico. Véase R_0.

Inmunoglobulina: Véase *Anticuerpo*.

Metabolismo: Se refiere a todos los procesos físicos y químicos del cuerpo que generan y usan energía, tal como digestión de alimentos y nutrientes, eliminación de los desechos a través de la orina y de las heces, respiración, circulación sanguínea o regulación de temperatura.

Monocito: Tipo celular grande, perteneciente a los leucocitos o glóbulos blancos sanguíneos, capaz de ingerir microbios y partículas extrañas que, tras abandonar los vasos sanguíneos y penetrar en los tejidos, se diferencia a macrófago, aumentando su capacidad fagocítica y de presentación de antígenos a linfocitos del sistema inmune.

Mutación: En el contexto del presente libro, definimos mutación como un cambio al azar en la secuencia de nucleótidos o en la organización del ADN —ARN si pensamos en el SARS-CoV-2— de un ser vivo o de un virus. Podemos hablar del cambio de un nucleótido por otro o, incluso, de deleciones —desaparición— de un fragmento del genoma. Estos cambios se producen en el genoma, afectando al genotipo. Muchas veces son cambios que no producen ningún efecto visible (fenotipo). En otros casos, la mutación sí genera una consecuencia medible o verificable biológicamente hablando. Es la base de la evolución.

Nucleótido: Molécula orgánica constituida por una base nitrogenada, un azúcar y ácido fosfórico. Según el azúcar sea la ribosa o la desoxirribosa, el nucleótido resultante se denomina «ribonucleótido» (constituyente del ARN) o «desoxirribonucleótido» (constituyente del ADN).

OMS: Organización Mundial de la Salud.

Pandemia: Epidemia que trasciende de su foco geográfico inicial para expandirse por una amplia superficie del planeta o por el planeta en sí; enfermedad que ataca a casi todos los individuos de una muy amplia región que puede llegar a ser, como con el SARS-CoV-2, global.

PCR: Del inglés *Polymerase Chain Reaction* («reacción en cadena de la polimerasa»). Método que se utiliza para amplificar un fragmento específico de ADN. Existen múltiples y diversos tipos de PCR. En el contexto de la pandemia de coronavirus la más conocida es la RT-PCR, que permite que un fragmento de ARN —del SARS-CoV-2, por ejemplo— se convierta en ADN mediante la enzima denominada «retrotranscriptasa» y ya pueda ser amplificado a millones de copias con la PCR descrita anteriormente.

Plásmido: Fragmento de ADN circular que permanece separado del cromosoma bacteriano y se replica de forma independiente a este. Contiene elementos necesarios para garantizar su propia replicación y, a menudo, genes esenciales para la supervivencia bacteriana. Se utiliza en biología molecular como vector para introducir genes exógenos en el interior celular y amplificarlos. Algunas vacunas pueden estar constituidas directamente por plásmidos. En otros casos, se utilizan como factores intermedios en la elaboración de vacunas que se denominan «recombinantes» (como las que utilizan virus como vectores —taxistas— para inmunizar contra otro virus).

Procariota: Organismo cuyo ADN no está confinado en el interior de un núcleo, sino extendido en el citoplasma. Es una célula que carece de un núcleo limitado por una membrana lipídica: bacterias y arqueobacterias.

Recombinación bacteriana: Técnica por la cual introducimos material genético exógeno a una bacteria. De esta forma, podemos expresar en bacterias proteínas de cualquier organismo.

Retrotranscriptasa: Véase *Transcriptasa inversa*.

R_0: Número, ritmo o índice reproductivo básico. En salud pública hablamos de R_0 como indicador de la velocidad con la que una enfermedad puede propagarse en una población. Se puede resumir en virología como el número medio de personas que son contagiadas a partir de otra infectada. Si, de media, un infectado por SARS-CoV-2 infecta a dos personas, el R_0 tendría un valor de 2.

Serotipo: Subtipo o variante de un microorganismo que es capaz de inducir una respuesta inmune específica y diferenciada de otro microorganismo de la misma especie. Lo podríamos utilizar en el contexto de la pandemia de coronavirus como sinónimo de «cepa».

Sindemia: Es algo más que una pandemia. Son muchas pandemias en una pandemia, sanitaria, económica, cultural o social. Es la suma de epidemias con consecuencias globales biológicas que repercuten de una forma exacerbada sobre el resto de aspectos de nuestras vidas. El término fue acuñado por el antropólogo Merrill Singer a finales del siglo pasado.

SNC: Sistema nervioso central.

Traducción: Mecanismo molecular por el cual la información contenida en un ARN, denominado «ARN mensajero», procedente de la transcripción genética, acaba generando una proteína específica. Este proceso se lleva a cabo en el interior de unas estructuras denominadas «ribosomas» presentes en el citoplasma celular.

Transcripción: Mecanismo molecular por el cual la información contenida en un gen, en forma de ADN, pasa a ARN con capacidad de llevar dicha información hasta la maquinaria de traducción en el citoplasma celular.

Transcriptasa inversa, reversa o retrotranscriptasa: Enzima presente en algunos virus capaz de transformar el genoma de ARN en moléculas de ADN que, posteriormente, podrán insertarse en el material genético del hospedador. Los virus que poseen esta enzima pueden inducir tumores en el organismo que infectan. Del inglés *Reverse Transcriptase*, la traducción que más se ha generalizado en español es la de «transcriptasa inversa», aunque poco a poco gana adeptos la de «retrotranscriptasa».

UAM: Universidad Autónoma de Madrid.

Variante: Centrándonos en la temática del presente libro, definimos a una variante viral como aquel conjunto de mutaciones que le proporciona al virus una «entidad propia», que puede ser diferenciado de otros grupos poblacionales, que puede ser diferenciado de un área geográfica a otra. La diferencia entre «variante» y «cepa» no está del todo delimitada, y eso ha generado confusión en los medios, que utilizan ambos términos como sinónimos. Cuando una variante —que también se está definiendo como sinónimo de «linaje»— proporciona características biológicas o serológicas bien definidas, ya hablaríamos de cepa. Durante el año 2020 y lo que llevamos del 21 hemos hablado de las famosas variantes D614G (de las primeras variantes del SARS-CoV-2 en aparecer y hacerse hegemónicas en todo el mundo), N501Y (la británica), E484K (la brasileña y sudafricana), A222V (la supuesta variante española), etc.

Virión: En microbiología, podemos definir al virión como la partícula vírica morfológicamente completa. Si un virus es aquel parásito intracelular capaz de pasar los filtros que detienen bacterias, el virión es su unidad morfológica, la forma completa que puede pasar de una célula infectada a otra por infectar y que podemos visualizar en un microscopio electrónico.

Virus: Un virus es un biosistema elemental que posee algunas de las propiedades de sistemas vivientes —poseen genoma y capacidad de adaptación a cambios medioambientales—. Sin embargo, un virus no puede capturar y almacenar energía libre y no es funcionalmente activo fuera de su célula huésped. Por lo tanto, se puede decir que un virus no es un organismo vivo, sino que toma prestada las características funcionales de una célula, de un verdadero ser vivo (International Committee on Taxonomy of Viruses o ICTV).

Virus recombinante: Partícula vírica que porta en su material genético secuencias pertenecientes a otro organismo. Suele utilizarse como vector de expresión o como posibles vacunas.

Y para rematar, alguna sugerencia breve bibliográfica

Por supuesto, no vamos a enumerar toda la bibliografía que desde enero del 2020 se ha publicado sobre coronavirus y la actual pandemia. No es el cometido del presente libro. Si desea profundizar en un aspecto concreto, no le recomiendo que haga una búsqueda «a ciegas» en Internet. Puede encontrarse cualquier cosa. Por ejemplo, puede entrar en un buscador —motor de búsqueda— de bibliografía científica —siento decirle que aquí el inglés es esencial— y, por palabras claves, puede decidir la fecha de publicación o, si lo desea, diferenciar entre un artículo concreto o una revisión general. La plataforma más utilizada es PubMed, motor de búsqueda de libre acceso para consultar los contenidos de la amplia base de datos Medline (https://pubmed.ncbi.nlm.nih.gov/).

Y ahora, alguna cosilla, así, como quien no quiere la cosa, que podría interesarle:

LIBROS MÍOS ANTERIORES
CON CONTENIDO EN VIROLOGÍA:

- (2004 y 2009) *La tesis de Rebeca. Apuntes de una joven investigadora.* Ed. Hélice.
- (2006) *Sé lo que ocurrió... los cursos pasados.* Ed. Hélice.

- (2012) *Ciencia en grageas*. Turpial.
- (2013) *Ciencia exprés*. Elam Editores.
- (2018) *Virus: ni vivos ni muertos*. Guadalmazán (2019 2.ª Edición).

Iniciativa GISAID: https://www.gisaid.org/. Iniciativa de ciencia global que proporciona acceso abierto a datos genómicos —variantes incluidas— de algunos virus. Facilita la vigilancia epidemiológica en tiempo real al controlar la aparición de nuevas mutaciones, variantes o cepas en todo el planeta.

Página de RTVE sobre el mapa del coronavirus en el mundo: casos, muertes y evolución: https://www.rtve.es/noticias/20210221/mapa-mundial-del-coronavirus/1998143.shtml.

Página del Ministerio de Sanidad sobre la COVID-19: https://www.mscbs.gob.es/en/profesionales/saludPublica/ccayes/alertasActual/nCov/home.htm.

Página de la OMS sobre la COVID-19: https://www.who.int/emergencies/diseases/novel-coronavirus-2019.

Página de Google News sobre casos y vacunas a tiempo real: https://news.google.com/covid19/map?hl=en-US&gl=US&ceid=US%3Aen.

COVID-19 Dashboard by the Center for Systems Science and Engineering (CSSE) at Johns Hopkins University (JHU): https://gisanddata.maps.arcgis.com/apps/opsdashboard/index.html#/bda7594740fd40299423467b48e9ecf6. Más casos a tiempo real.

Coronavirus Database: http://covdb.popgenetics.net/v3/ Variantes, Cepas y comparación de todos los coronavirus.

COVID-19 Projections: https://covid19.healthdata.org/global?view=total-deaths&tab=trend. Gráficas sobre distribución global de casos y distribución de la vacuna.